Kreatives und künstlerisches Gestalten
in Freizeit und Beruf – dafür steht der Name
Christophorus
seit mehr als 30 Jahren. Jedes
CHRISTOPHORUS-BUCH
ist mit viel Sorgfalt erarbeitet:
Damit Sie Spaß und Erfolg beim Gestalten haben –
und Freude an unverwechselbaren Ergebnissen.

Geschenke originell verpacken

Susanne Fankhauser
Traudel Hartel
Susanne Knapp
Ursula Müller-Wüstemann

CHRISTOPHORUS

Inhalt

Einfach schön verpackt

Geschenke auszutauschen ist in vielen Kulturen ein sehr alter und wichtiger Brauch. Dabei ist nicht unbedingt der materielle Wert des Geschenkes wichtig, sondern die Geste an sich. Eine fantasievolle und originelle Verpackung verleiht einem Geschenk einen besonderen Wert und eine persönliche Note, besonders dann, wenn sie individuell abgestimmt ist auf den Empfänger und den Anlass des Schenkens.

In diesem Buch haben wir für Sie die schönsten Verpackungs-Ideen für Bücher, Schachteln, CDs, Pralinen, Schokolade und Flaschen zusammengestellt. Für die beliebtesten Geschenkanlässe finden Sie bestimmt das passende Modell: Zur Hochzeit zum Beispiel eine Verpackung aus hochwertigem, besticktem Papier, dekoriert mit einer üppigen Schleife und grünen Kränzchen. Für den Kindergeburtstag Verpackungen in Rot, Gelb oder Blau mit bunten Riesenzahlen und farbigen Bändern oder zu Weihnachten Verpackungen mit Weihnachtssternen aus Papier und goldenen Blättern. Auch Ideen im asiatischen Stil oder im Safari-Look finden Sie in diesem Buch. Die gezeigten Beispiele sind leicht nachzuarbeiten, besonders die „schnelle Verpackung" ist ganz einfach und in sehr kurzer Zeit gemacht.

Zu etwas ganz Besonderem wird jede Geschenk-Verpackung durch eine Schleife aus schönen, hochwertigen Bändern. Wir zeigen Ihnen in diesem Buch anhand detaillierter Schritt-für-Schritt-Fotos, wie sie dekorative und festliche Schleifen selbst anfertigen können: Einfache Schleifen aus Bast oder Papierkordeln, Flügelschleifen aus originellen Motivbändern oder zarte Rosetten aus Samtbändern.

Das Geheimnis einer gelungenen Geschenk-Verpackung liegt darin, das Geschenkpapier und die Schleifen oder Accessoires farblich harmonisch in Einklang zu bringen. Geschenkpapiere und Bänder gibt es in vielen Farben, Mustern, Strukturen und Qualitäten. Wahrscheinlich haben Sie schon einiges an Material in ihrem eigenen Fundus. Lassen Sie sich von der Ideenvielfalt in diesem Buch zum Nacharbeiten anregen. Natürlich können Sie die gezeigten Modelle auch nach Ihrem Geschmack abwandeln – Ihrer Fantasie sind da keine Grenzen gesetzt.

Viel Freude bei der Auswahl schöner Papiere, Bänder und Accessoires und beim Dekorieren Ihrer ganz persönlichen Geschenk-Verpackungen!

Material & Technik

Papier & andere Materialien

Das Grundmaterial für die meisten Verpackungen sind einfarbige oder gemusterte Geschenkpapiere sowie Naturpapiere, wie zum Beispiel Strohseide, handgeschöpfte Papiere oder Maulbeerbaumpapier. Motivkarton und Wellpappe eignen sich besonders gut zur Herstellung kleiner Geschenkschachteln. Aber auch mit Zeitungen, Packpapier, Folien oder verschiedenen Stoffen, zum Beispiel Geschirrhandtücher, lassen sich Geschenke effektvoll einwickeln. Alle Materialien sind in Papier- und Bastelgeschäften erhältlich.

Bänder

Schleifenbänder gibt es in vielen unterschiedlichen Strukturen, Farben, Mustern und Stoffqualitäten. Die meisten Schleifenbänder gibt es mit drahtverstärkten Kanten. Dies hält die Schleife gut in Form. Außerdem eignen sich Satin- und Taftbänder, Bänder aus gekreppter Strohseide, Papierkordeln und Bast-, Hanf- und Sisalkordeln sehr gut zum Gestalten von Geschenkverpackungen. Kunststoffbänder können effektvoll gelockt werden, indem man sie über einen Messerrücken zieht.

Werkzeuge & Hilfsmittel

Als Grundausstattung benötigen Sie eine spitze, mittelgroße Schere, Lineal, Bleistift und Transparentpapier zum Übertragen der Vorlagen und eine Schneideunterlage. Ein Cutter ermöglicht millimetergenaues Schneiden oder das Schneiden von dicken Papieren. Ein Hefter oder Tacker eignet sich zum Zusammenfügen von Schleifen oder Papieren. Auch ein Locher oder eine Lochzange zum Stanzen von Löchern ist zu empfehlen. Blumendraht und dünner Golddraht ist für das Binden von Schleifen sehr hilfreich. Mit Motivlochern und Motivscheren können zusätzliche Akzente gesetzt werden.

Klebstoffe

Für saubere Verschlüsse von Geschenkverpackungen aus Papier eignet sich doppelseitiges Klebeband oder beidseitig klebendes Fotoband am besten. Für das großflächige Verkleben von Papier ist Sprühkleber zu empfehlen. Kleine Papiermotive können mit Alleskleber oder mit einem Klebestift fixiert werden. Schwerere Deko-Materialien mit Kraftkleber oder Heißkleber an der gewünschten Stelle befestigen.

Übertragen der Vorlagen

Das gewünschte Motiv mit Transparentpapier vom Vorlagebogen abpausen und ausschneiden. Die Transparentpapier-Form auf Tonkarton kleben und erneut ausschneiden. Diese Schablone auf das gewünschte Material legen, umzeichnen und ausschneiden. Beim Übertragen auf Metallfolie oder Wellpappe die Schablone auf der Rückseite auflegen, umzeichnen und ausschneiden.

Rechteckige Verpackungen

Rechteckige Schachteln, Kartons und Bücher lassen sich gut in Papier einpacken. Das Papier sollte auf den Seiten nicht mehr überstehen, als die Höhe des Päckchens beträgt. Zuerst immer von der Seite her das Papier einschlagen, dann von oben und zuletzt von unten (siehe Zeichnung Vorlage 1, Seite 64/65). Mit doppelseitigem Klebeband die Verpackung verschließen.

Röhren-Verpackungen

Für Röhren-Verpackungen benötigen Sie immer zwei gleich große Böden oder Deckel einer Dose, zum Beispiel einer Spanschachtel. Die Höhe kann dann dem Gegenstand angepasst werden. Karton oder Folie in den Deckel stellen und den richtigen Umfang anzeichnen. Dann die Naht kleben, dabei bis zum Trocknen mit Büro- oder Wäscheklammern fixieren.

„Schnelle Verpackung"

Die Technik der „schnellen Verpackung" ist besonders für flache Gegenstände wie Bücher, Disketten oder Pralinenschachteln geeignet.

1 Das Packstück auf ein festes Papier legen, z. B. Naturpapier oder doppelt gefaltetes dünnes Papier. Das Geschenkpapier muss so groß sein, dass die Längsseiten überlappen und die Querseite etwas übersteht.

2 Die Längsseiten des Papiers zuerst einschlagen und dann die Querseite über das Packstück falten.

3 Mit einem spitzen Gegenstand (Schere oder Stopfnadel) am oberen Papierrand zwei Löcher bohren, ein Holzstäbchen (Bambusstab, Stöckchen oder Holzspieß) durchstecken und damit die Verpackung verschließen.

Papierblumen anfertigen

1 Für den Blütenstempel aus Papierkordel einen festen Knoten binden, wobei die Kordel gleichzeitig als Stiel dient. Einen etwa 8 - 10 cm breiten und 30 cm langen Streifen aus dünnem Papier zuschneiden oder gekrepptes Strohseidenband, 10 cm breit, verwenden, im Zickzack falten und von der Mitte aus als Blatt zuschneiden.

2 Den zugeschnittenen Papierstreifen etwas kräuseln und in kleinen Falten um den Blumenstiel (Papierkordel) wickeln. Die fertige Blüte mit dünnem Blumendraht befestigen, noch ein wenig modellieren und mit Flowerhair dekorieren.

Papierquasten

Papierquasten lassen sich schnell passend zum Geschenkpapier herstellen, eventuell sogar aus dem gleichen Papier. Dazu einen Papierstreifen in kurzen Abständen einschneiden, eng um eine Schnur herum aufrollen und fixieren.

Einfach gebundene Schleife

1 Einen Teil des Schleifenbandes, 60 - 80 cm lang, zu einer Schlaufe legen und festhalten.

2 Das übrige Schleifenband von vorne nach hinten um die Schlinge legen.

3 Das Band nun von hinten durch das gelegte Band schieben, sodass sich zwei Schlaufen ergeben. Die Schlaufen festziehen.

Einfache Flügelschleife

1 Das Schleifenband, etwa 60 - 80 cm lang, kreuzweise so übereinander legen, dass eine Schlaufe entsteht.

2 Die Schlaufe von der hinteren zur vorderen Mitte zusammenraffen und festhalten. Mit dünnem Draht oder einem Band die Kreuzungsstelle fest umwickeln und verknoten.

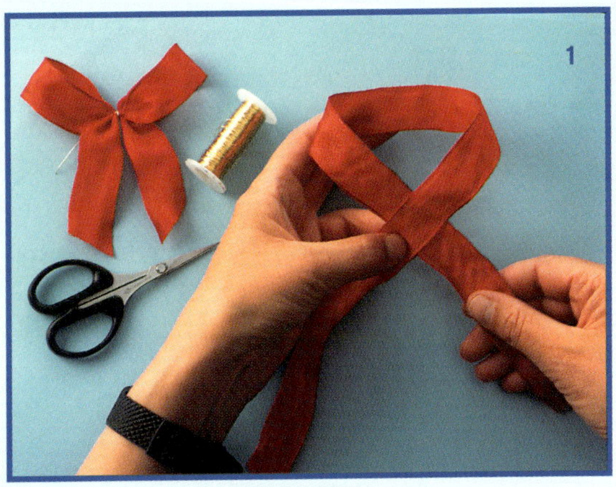

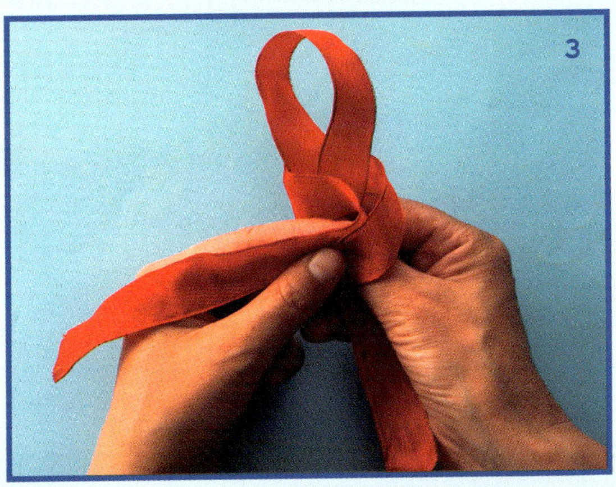

Schachteln & CDs

Ostern

Material

Päckchen mit Ostereiern

- Packpapier
- Bastschnüre oder Papierbänder in Gelb
- Plastik-, Holz- oder ausgeblasene Eier
- Reste von Strohseide
- Textfragmente
- Moos
- Federn
- Tapetenkleister

Topfpflanze

- Topfpflanze in Gelb
- Strohseide in Gelb
- Flowerhair in Gelb
- Papierkordel in Weiß

Päckchen in Orange

- Naturpapier in Orange
- Juteband, 8 cm breit
- Bastschnüre oder Papierbänder in Gelb
- Holzstreuteile „Huhn", „Hahn"
- Moos
- Federn
- Heißkleber

Vorlage 1

Seiten 64/65

Für das Päckchen mit Ostereiern das Geschenk in Packpapier einwickeln (siehe Zeichnung Vorlage 1, Seite 64/65), üppig mit gelben Papierbändern verschnüren. Plastik-, Holz- oder ausgeblasene Eier mit Tapetenkleister bestreichen und mit gerissenen Strohseideresten oder Textfragmenten bekleben. Alle Teile fest andrücken und das Ganze gut trocknen lassen. Ostereier, Moos und Federn auf dem Päckchen anbringen.

Für die Topfpflanze einen Bogen Strohseide der Länge nach falten, die Öffnung zeigt nach unten. Die Breite des Streifens richtet sich nach der Höhe des zu umwickelnden Blumentopfs, das Papier muss am oberen Rand etwas überstehen. Den zugeschnittenen Papierstreifen raffen und als Manschette um den Blumentopf legen. Die Manschette mit einer Papierkordel umwickeln, diese verknoten und die Enden über die Pflanze legen. Das 2-lagige Papier am oberen Rand etwas modellieren. Flowerhair ergänzen.

Für das Päckchen in Orange ein Geschenk in orangefarbenes Papier einwickeln. Ein Juteband, 8 cm breit, um das Päckchen legen und auf der Rückseite festkleben. Aus gelben Papierbändern oder Bastschnüren eine üppige Schleife binden und mittig auf der Vorderseite mit Heißkleber befestigen. Holzstreuteile aufsetzen und die Verpackung mit etwas Moos und Federn dekorieren.

Frohe Ostern

Natürlich schön

Material

Verpackung mit Blumen

- Naturpapier mit Bättereinschluss
- Papierkordel in Weiß, Grün
- Strohseidenband, gekreppt, in Weiß, Hellgrün
- Bambusstäbchen in Grün

Verpackung mit Schleife

- Naturpapier mit Blätter- und Blüteneinschluss
- Holzstäbchen
- Strohseidenband, gekreppt, in Lila
- Papierkordel in Grün
- Papierbänder in Pink

Zusätzlich

- Motivschere
- Blumendraht

Für die Verpackung mit Blumen aus Naturpapier eine Schnellverpackung anfertigen (Anleitung Seite 9). Bei größeren Paketen darauf achten, dass die eingeschlagenen Seitenteile aus Gründen der Stabilität mindestens 8 - 10 cm breit sind. Nach der Anleitung auf Seite 10 Papierblumen herstellen, dabei aber das Strohseidenband nicht als Blatt zuschneiden, sondern einfach etwas kräuseln und in kleinen Falten um die Papierkordel legen. Die Blumen hinter das Stäbchen stecken. Den oberen Rand der Verpackung mit der Motivschere nachschneiden.

Für die Verpackung mit Schleife aus Naturpapier eine Schnelverpackung anfertigen (Anleitung Seite 9). Aus dem lila Strohseidenband eine einfache Schleife binden (Anleitung Seite 10/11) und auf der Verpackung befestigen: Das Holzstäbchen durch den Knoten der Schleife führen. Papierkordel und Papierbänder um Stab und Schleife binden und den oberen Papierrand mit der Motivschere nachschneiden.

Tipp

Zur Herstellung der Papierblumen können Sie anstatt dem gekreppten Strohseidenband auch selbst zugeschnittene, dünne Papierstreifen verwenden.

Lavendel-Bänder

Material

- Geschenkpapier in Blau
- Karte in Blau, 10,5 x 14,8 cm
- Tonkarton in Weiß
- Schleifenband mit Drahtkante „Lavendel", 4 cm breit
- Satinband in Weiß, Blau, Grün, 3 mm breit
- Lavendelblüten, frisch und langstielig

Für das **blaue Päckchen** ein rechteckiges Geschenk in blaues Papier einschlagen (siehe Zeichnung Vorlage 1, Seite 64/65), mit Schleifenband längs umwickeln und festknoten. Überstehendes Band abschneiden. Nach der Anleitung auf Seite 6 eine einfache Schleife binden. Die Schleife mit blauen und weißen Satinbändern am Knoten befestigen.

Für die **Grußkarte** auf die Vorderseite der Faltkarte weißen Fotokarton, 4,5 x 1,8 cm, fixieren und mit Schleifenband bekleben. Die Endstücke des Bandes oben und unten an der Innenseite der Karte befestigen. Eine kleine einfache Schleife aus blauem und grünem Satinband binden und auf der Karte fixieren.

Für die **Lavendelbündel** jeweils 21 frische Lavendelstiele knapp unter dem Blütenansatz mit Satinband fest zusammenbinden. Die 21 Stängel als Schutzmantel um die Blüten biegen und in 7 Gruppen zu je 3 Stängeln aufteilen. Mit einem Satinband der Abbildung entsprechend durch die 7 Gruppen hindurchweben, bis die Blüten ummantelt sind. Das Satinband zur üppigen Schleife binden und die Stängel gerade schneiden.

Tipp

Die Lavendelstiele sollten frisch sein, sonst brechen sie beim Umbiegen.

Zarte Rosetten

Material

- Strohseide in Pink, Weiß
- Schleifenband, transparent, mit Fäden in Rot/Orange/Lila und Drahtkante, 4 cm breit
- Schleifenband „Rosen", transparent, in Bordeauxrot mit Drahtkante, 4 cm breit

Rechteckige Geschenke jeweils in Strohseide einpacken (siehe Zeichnung Vorlage 1, Seite 64/65). Schleifenband jeweils längs um das Päckchen legen und auf der Vorderseite mit einem Knoten verschließen. Die Enden etwas länger stehen lassen, nicht zu kurz abschneiden. Aus dem gleichen Schleifenband eine Rosette formen (Anleitung unten), auf den Knoten des Bandes setzen und mit dem Kantendraht festbinden.

Rosette aus gedrahtetem Schleifenband

1 Am Bandende des gedrahteten Schleifenbandes, etwa 1 m lang, einen möglichst knappen Knoten machen.

2 Am anderen Ende den Kantendraht anziehen und das Band über die ganze Länge raffen.

3 Um das verknotete Ende, das nach unten zeigt, die geraffte Kante spiralförmig wickeln. Den überstehenden Draht zum Befestigen mehrmals um den Knoten wickeln und abschneiden.

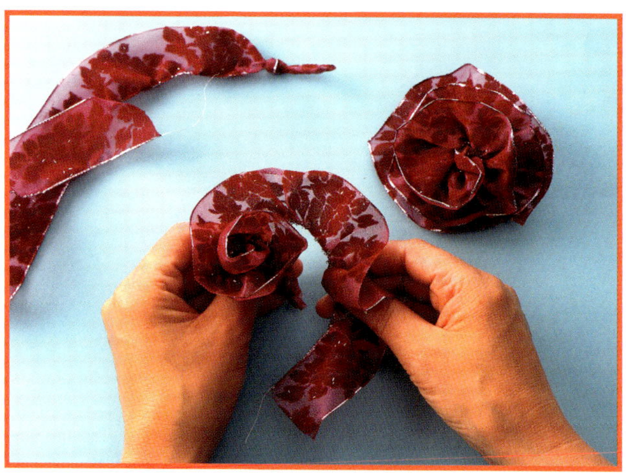

Pink & Blau

Material

CD-Hülle

- Wellpappe in Pink
- Edelbast in Blau
- Fotokarton in Blau
- Glitter-Liner in Pink
- Motivlocher „Noten"
- Lochzange

Blaues Buch

- Seidenpapier in Blau, Pink, Lila
- Schleifenband mit Drahtkante in Violett
- Federn in Pink, Weiß
- Doppelseitiges Klebeband

Vorlagen 2, 3

Seiten 64/65

Für die CD-Hülle Wellpappe nach der Vorlage 2 zuschneiden und falzen. Die Löcher für den Verschluss ausstanzen und die Kanten mit dem Glitter-Liner verzieren. Gut trocknen lassen. Die Musiknoten ausstanzen oder nach der Vorlage 3 ausschneiden und aufkleben. Die CD einpacken, den Bast wie Schuhbändel einziehen und verschnüren. An der Schleife vorsichtig auseinander ziehen.

Für die blaue Verpackung ein Buch (oder ein anderes quadratisches Geschenk) in blaues Seidenpapier einpacken, dabei je einen Streifen in Pink und Lila unterlegen und mit Klebestreifen fixieren. Eine doppelte Flügelschleife anfertigen (siehe „Tipp") und zusammen mit den Federn aufkleben.

Tipp

Aus einer einfachen Flügelschleife (Abbildung und Anleitung Seite 11) lassen sich ganz leicht doppelte oder dreifache Schleifen herstellen, indem zwei oder drei Schleifenbänder gleichzeitig verwendet werden.

Asiatischer Stil

Material

- Asiatische Zeitung (erhältlich am Flughafen und auf Bahnhöfen)
- Tonpapier in Weiß, Rot
- Naturpapier in Weiß, Rot
- Bast
- Chipsdosen
- Käseschachteln
- Klebstoff
- Sprühkleber
- Doppelseitiges Klebeband
- Cutter
- Metalllineal

Anleitung Seite 24

Material

Gelbe Blüte

- Strohseide in Natur, Orange, Hellgrün
- Strohseidenband, gekreppt, in Gelb, Hellgrün
- Papierband in Natur
- Flowerhair in Hellgrün

Grüne Blüte

- Strohseide in Dunkelblau, Natur
- Strohseidenband, gekreppt, in Gelb, Hellgrün
- Papierband in Gelb
- Flowerhair in Gelb
- Zackenschere

Farbige Papierblüten

Für die Verpackung mit gelber Blüte ein Geschenk in Strohseide einwickeln (siehe Zeichnung Vorlage 1, Seite 64/65). Strohseide in Natur und Hellgrün, jeweils 10 cm breit, der Abbildung entsprechend um die Verpackung wickeln und mit schmalen Papierbändern befestigen. Nach der Anleitung auf Seite 10 eine Papierblüte anfertigen und zusammen mit einer Schleife aus gekrepptem Strohseidenband auf der Verpackung fixieren. Flowerhair ergänzen. Die Verpackung mit grüner Blüte wie oben beschrieben anfertigen. Die Ränder der Blüte zusätzlich noch mit einer Zackenschere verzieren.

Asiatischer Stil

Abbildung & Materialangaben Seite 22/23

Für die große Verpackung ein rechteckiges Geschenk in eine asiatische Zeitung einpacken und mit Bast umwickeln, dabei einen länglichen Streifen rotes Naturpapier mit einbinden. Einen Geschenkanhänger aus rotem Tonpapier anfertigen, mit Schriftzeichen bekleben und mit Bast an dem Paket befestigen.

Für die große Dose Zeitungspapier zur Verstärkung auf einen Bogen weißes Tonpapier kleben. Die Höhe und den Umfang der Dose ausmessen, auf das Zeitungspapier übertragen und zuschneiden. Große Fläche mit Sprühkleber, Kanten mit doppelseitigem Klebeband befestigen. Den Deckel mit Schriftzeichen bekleben. Überschrift aus der Zeitung ausschneiden und auf einen Streifen rotes Tonpapier kleben. Mit Bast an die Dose binden.

Die kleinen Dosen mit Naturpapier bekleben. Mit Schriftzeichen Akzente setzen. Geschenkanhänger ergänzen.

Tierfell

Material

Linkes Päckchen

- Motivkarton „Leopard“
- Naturbast
- Holzkugeln
- Federn in Braun

Rechtes Päckchen

- Motivkarton „Tiger“
- Tonkarton in Schwarz

Vorlagen 4, 5

Seiten 66/67

Die Schachtel für das **linke Päckchen** nach Vorlage 4 zuschneiden, falzen und kleben. Mit Bast umwickeln und die Holzkugeln auf die Bastenden reihen. Die Ferdern aufkleben.

Für das **rechte Päckchen** die Vorlage 5 je einmal aus schwarzem Tonkarton und Tiger-Karton zuscheinden und ineinander stecken.

Tipp

Sie können die Päckchen auch aus „Giraffen“- „Zebra“- oder „Gepard“-Motivkarton anfertigen. Tierfell-Motivkarton ist im Hobbyfachhandel erhältlich.

Flaschen

Blumenbänder

Material

- Naturpapiere in Natur, Gelb, Orange
- Schleifenband mit Drahtkante „Roter Mohn“, „Bambus“, „Sonnenblumen“, 4 cm breit
- Satinband in Weiß, 5 mm breit
- Heißkleber
- Doppelklebeband

Vorlage 6

Seite 68

Die linke und die rechte Flasche jeweils in Naturpapier einwickeln (siehe Zeichnung Vorlage 6, Seite 68), dabei die Seiten einschlagen und von oben das Papier nach unten falten. Für die linke Flasche das Schleifenband spiralförmig, für die rechte Flasche längs auf der Flasche befestigen. Aus Schleifenband jeweils eine gekreuzte Schleife anfertigen (Anleitung unten) und mit einem dünnen Satinband an der Flasche fixieren. Die Schleifen auffächern und die Bandenden schräg zuschneiden. Für die mittlere Verpackung aus Motivband drei einfache Schleifen binden (Anleitung Seite 10/11). Mit Heißkleber oder Doppelklebeband auf der Verpackung befestigen. Die Verpackungen mit Gräsern verzieren.

Gekreuzte Schleife

1 Ein etwa 40 cm langes Band zur einfachen Schlaufe sowie ein 60 cm langes Band in vier aufeinander liegende Schlaufen legen.

2 Die Schlaufen so legen, dass ein Kreuz entsteht. Das schmale weiße Satinband unter der Längsschlaufe hindurch führen und im Mittelpunkt der Vorderseite überkreuzen.

3 Die Enden des Bandes auf die Rückseite führen, fest anziehen, raffen und verknoten. Die Schlaufen auffächern.

Originelle Röhren

Material

Asia

- 2 Spandosen-Böden, 15 x 12 cm
- A3-Windradfolie, 0,2 mm stark
- A4-Transparentpapier in Bordeaux
- 3 Pinstecker
- Kordel in Schwarz, 1,20 m
- Cutter
- Alleskleber

Alugeflecht

- 2 Spandosen-Deckel, 10 cm Ø
- Modelliergeflecht, 30 x 30 cm
- Windradfolie, transparent, 0,2 mm stark:
  - 1x 30 x 30 cm
- 2x 35 x 2 cm
- Kraftkleber
- Heftklammern

Liegende Röhre

- 2 Spandosen-Böden, 9 cm Ø
- Windradfolie in Schwarz
- Kordel in Schwarz, 80 cm
- 2 Cannastäbe, 2 cm

Vorlage 7

Seiten 68/69

Für die Röhre **„Asia"** die Windradfolie zuschneiden und in den Spandosen-Boden kleben (Anleitung Seite 9). Transparentpapier mit chinesischen Zeichen auf dem Kopierer bedrucken. Lose in den Boden stellen und den zweiten Spandosen-Boden als Deckel aufkleben. Pin an den Verschlussklappen befestigen. Kordel in der Mitte knöpfen und am mittleren Pin einhängen. Um die Dose schlingen und an den anderen Knöpfen befestigen.

Das **Alugeflecht** auf die Windradfolie legen und miteinander verarbeiten wie auf Seite 9 beschrieben. Die Naht mit Heftklammern heften, nicht kleben. Zwei transparente Streifen außen an der Bodenseite festkleben und nach oben führen. Oben in der Mitte einseitig einschneiden und ineinander schieben.

Vorlage 7 für die **liegende Röhre** auf Windradfolie übertragen und ausschneiden. Die gestrichelten Linien leicht mit dem Falzbein einritzen und nach außen biegen. *Achtung:* Die Windradfolie nicht zu stark falten, da sie leicht bricht! Verschlussklappe einschneiden und Löcher ausstanzen. Zur Rolle formen, in die Böden einpassen und festkleben. Kordel zur Mitte legen, durch alle vier Löcher fädeln und um die Röhre ziehen. Kordelenden durch die Schlaufe vom Anfang (Kordelmitte) stecken und die Cannastäbe einkleben.

金

Tonziegel & Korken

Material

Tonziegel

- Tonziegel, alt
- Moos
- Efeuranken
- Korken
- Bastschnüre

Korkentüte

- Flaschenverpackung mit Korkenmotiv
- Bastfäden
- Korken
- Efeu

Flasche mit Schleife

- Packpapier
- Strohseide in Blau, Orange
- Strohseidenband, gekreppt, in Orange
- Lampionblumen, getrocknet

Zusätzlich

- Heißkleber
- Blumendraht

Für die **Ziegel-Verpackung** zwei Flaschenkorken in der Mitte teilen und die Hälften mit Heißkleber als Ständer unter den Tonziegel kleben. Den Ziegel mit viel Moos und Efeuranken auskleiden. Eine Flasche darauf platzieren. Mit Bastschnüren Flasche und Dachziegel umwickeln und mit einer üppig gebundenen Bastschleife dekorieren.

Für die **Korkentüte** eine fertige Flaschenverpackung mit Korkenmotiv verwenden. Die Tüte mit Bastfäden verschließen und mit Efeuranken dekorieren. An den Bastfäden interessante, gesammelte Korken mit Heißkleber befestigen.

Für die **Flasche mit Schleife** eine Weinflasche in Packpapier einwickeln (siehe Zeichnung Vorlage 6, Seite 68). Die Seiten einschlagen und von oben das Papier etwas nach unten falten. Ein 5 cm breites Band aus Strohseide in Orange und Blau als Manschette um die Flaschenverpackung legen und am oberen Ende zusammenkleben. Mit einem spitzen Gegenstand am oberen Rand zwei Löcher einstechen und einen dünnen Holzstab durchführen. Aus Strohseidenband eine einfache Papierschleife binden und auf den Holzstab setzen. Lampionblumen-Girlande ergänzen.

Tipp

Die Girlande können Sie der Jahreszeit entsprechend auch aus Blättern, Federn, Eicheln, Beeren, Rinde oder anderem Naturmaterial reizvoll gestalten.

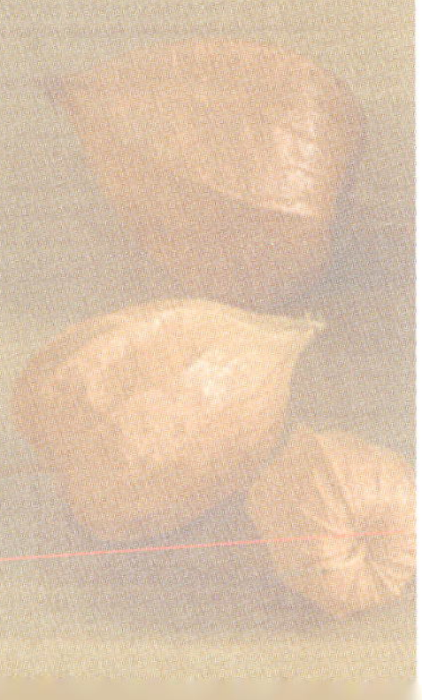

CHATEAU

Süßes

Silberner Glanz

Material

Bonbon-Dose

- 2 Metallgießformen für Schmelzgranulat, 6,5 cm Ø (Deckel, Boden)
- Alu-Folie, 0,15 mm stark, 20 x 30 cm
- Weicher Alu-Draht, 1,2 mm
- Metallprägestift
- Metallösen
- Kraftkleber
- Weiche Unterlage, z. B. Moosgummi oder Frotteetuch

Alu-Schachtel

- Bogen Alu-Folie, 0,15 mm
- Weicher Alu-Draht
- Prägestift
- Unterlage
- Ösen als Verschluss

Alu-Tüte

- Alu-Folie, 0,15 mm
- Zierrandschere
- Motivlocher

Vorlagen 8 - 10

Seiten 70/71

Für die Bonbon-Dose Vorlage 8 auf Papier kopieren und auf die Alu-Folie legen. Moosgummi oder Frotteetuch unterlegen. Konturen in die Alu-Folie einprägen. Folie von der Gegenseite weiter prägen, unschöne Knicke mit einem Löffel glätten.
Passend zum Deckel die Folie vorsichtig zu einer Rolle formen. Naht mit einer Öse heften oder kleben. Aus Alu-Draht eine Kordel drehen, oben durch die Löcher führen und über dem Deckel verschlingen. Einzelne Prägeteile ausschneiden und mit etwas feinem Draht anhängen.

Die Alu-Schachtel nach der Vorlage 9 zuschneiden und prägen, wie bei der Dose beschrieben. Anschließend zusammenfalten. Öse eindrücken und aus Alu-Draht ein Z als Verschluss formen.

Die Alu-Tüte nach der Vorlage 10 mit der Zierrandschere zuschneiden und falten. Mit dem Locher am Rand Motive ausstanzen. Die Tüte füllen und ineinander stecken.

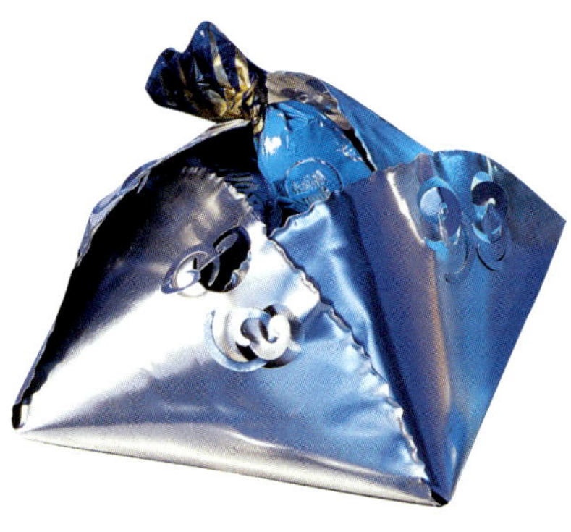

Pralinen & Schokolade

Material

Linke Dose

- 2 Spandosen-Deckel, 10 x 10 cm
- Windradfolie, transparent, 0,2 mm
- Bilderösen
- Gummikordel in Gold
- Acrylfarbe in Gold
- Alleskleber

Rechte Dose

- 2 Spandosen-Deckel, 15 x 12 cm
- Windradfolie, transparent, 0,2 mm
- Tortenspitze in Weiß, rechteckig
- Acrylfarbe in Weiß
- Alleskleber

Schokolade

- Geschenkpapier
- Verschiedene Sticker
- Klebeschriften

Anleitung Seite 38

KLEIN ABER OHO!
Viel Glück
ALLES GUTE!
Viel Glück
Viel Glück
WIE ÖDE!

Material

Geschenktütchen

- Cellophantütchen
- Schokokugeln
- Goldtaler
- Papierband in Hellgelb
- Efeublätter
- Schleifenband mit gedrahtetem Rand in Rot

Goldbarren

- 3 Tafeln Schokolade pro Barren
- Geschenkpapier in Gold
- Hanfkordel
- Kopierte Geldscheine
- Siegellack
- Siegel

Goldbarren

Für die **Geschenktütchen** Schokokugeln oder Goldtaler in kleine Cellophantütchen füllen. Die Tütchen mit schmalem Papierband verschließen. Mit Efeublatt und einer kleinen Blüte aus Schleifenband (Anleitung Seite 10) verzieren.

Für die **Goldbarren** zwei oder drei Tafeln Schokolade in Goldpapier einwickeln. Kopierte Geldscheine auflegen, die Verpackung mit einer Hanfkordel verschnüren und mit Lack und Siegel verschließen.

Pralinen & Schokolade

Abbildung & Materialangaben Seite 36/37

Für die **Pralinendosen** die Deckel bemalen. Windradfolie zuschneiden und vorbereiten wie bei der Röhren-Verpackung (Anleitung Seite 9) beschrieben. Für die weiße Dose von der Tortenspitze den Rand abschneiden und in die Dose stellen, eventuell festkleben. Bei der goldenen Dose an Deckel und Boden auf den Innenseiten je drei Ösen festkleben. Die Gummikordel durchziehen.

Die **Schokoladentafeln** jeweils in Geschenkpapier einpacken und dem Anlass entsprechend mit Stickern bekleben.

BCE ECB EZB EKT EKP
BCE ECB EZB EKT EKP 2002
EURO

Kuchenblech

Material

Backblech

- Backblech mit Kuchen
- Küchen-Frotteetuch
- Holzwäscheklammern
- Kuhlocher oder Streuteile
- Teigschaber
- Backpinsel
- Satinband
- Sicherheitsnadel
- Alleskleber

Topf oder Krug

- Topf oder Krug
- Geschirrtuch
- Wäscheklammern in Blau
- Breites Satinband in Blau
- Schmales Satinband in Blau

Das Tuch um das Backblech schlagen und mit den Wäscheklammern halten. Kühe aufkleben. Schaber und Pinsel mit Satinband zusammenbinden und mit der Sicherheitsnadel befestigen.

Topf oder Krug mit einem Geschirrtuch einwickeln und das Tuch mit den Klammern befestigen. Mit den Bändern verschnüren.

Tipp

In Stoffe oder Tücher können nicht nur Küchenutensilien, sondern auch unförmige oder größere Geschenke eingepackt werden.

Für Kinder

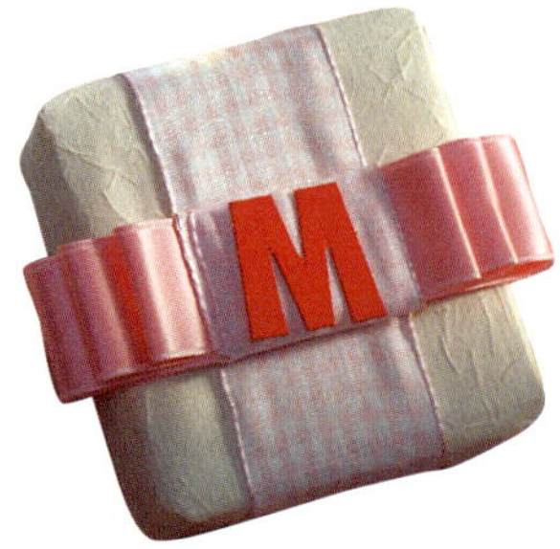

Zur Geburt

Material

- Geschenkpapier in Naturweiß, Flieder
- Schleifenband, kariert, in Flieder, Rosa, Hellblau, 5 cm breit
- Satinband:
  - in Weiß, 3 mm breit
  - in Violett, 6 cm breit
  - in Rosa, Hellblau, 4 cm breit
- Holzbuchstaben in verschiedenen Farben
- Briefkuvert in Rosa
- Karte in Weiß, 10,5 x 14,8 cm
- Doppelseitiges Klebeband

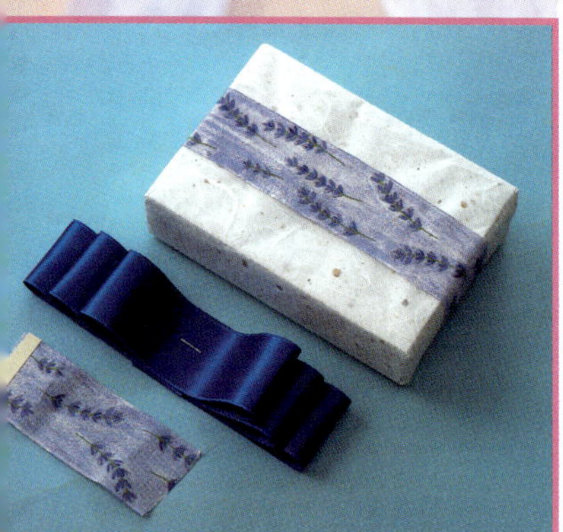

Kariertes Schleifenband längs um das fliederfarbene Päckchen legen und mit doppelseitigem Klebeband verschließen. Eine gelegte Faltenschleife anfertigen (Anleitung unten) und diese mittig auf das Schleifenband des Päckchens kleben. Darauf den Anfangsbuchstaben aus Holz oder Karton setzen. Die anderen Päckchen der Abbildung entsprechend mit gelegten Schleifen dekorieren.

Für die Glückwunschkarte ein Briefkuvert zukleben, das Kuvert ins Längsformat legen und oben aufschneiden. Zusätzlich in die Vorderseite einen Ausschnitt, 4 x 4 cm, schneiden. Eine weiße Karte beschriften und an der Rückseite aus weißem Satinband eine Schlaufe befestigen. Die Karte der Abbildung entsprechend in das Kuvert schieben. Mit der Schlaufe kann die Karte wieder herausgezogen werden. Das Kuvert mit einer Flügelschleife (Anleitung Seite 11) verzieren.

Gelegte Faltenschleife

Die Schleife von oben nach unten arbeiten, das heißt, dass das kürzeste Schlaufenpaar oben liegt. Das Band, etwa 1 m lang, am rechten Ende für die 1. Schlaufe etwa 4 cm nach unten einschlagen. Für die 2. Schlaufe das Band 8 cm nach links legen und ebenfalls einschlagen. So das gesamte Band in Schlaufen legen, wobei diese immer etwas größer werden. Das Band in der Mitte mit dem Tacker zusammenheften. Das gleiche oder ein farblich dazu passendes Band um die Mitte legen und auf der Rückseite mit Doppelklebeband befestigen.

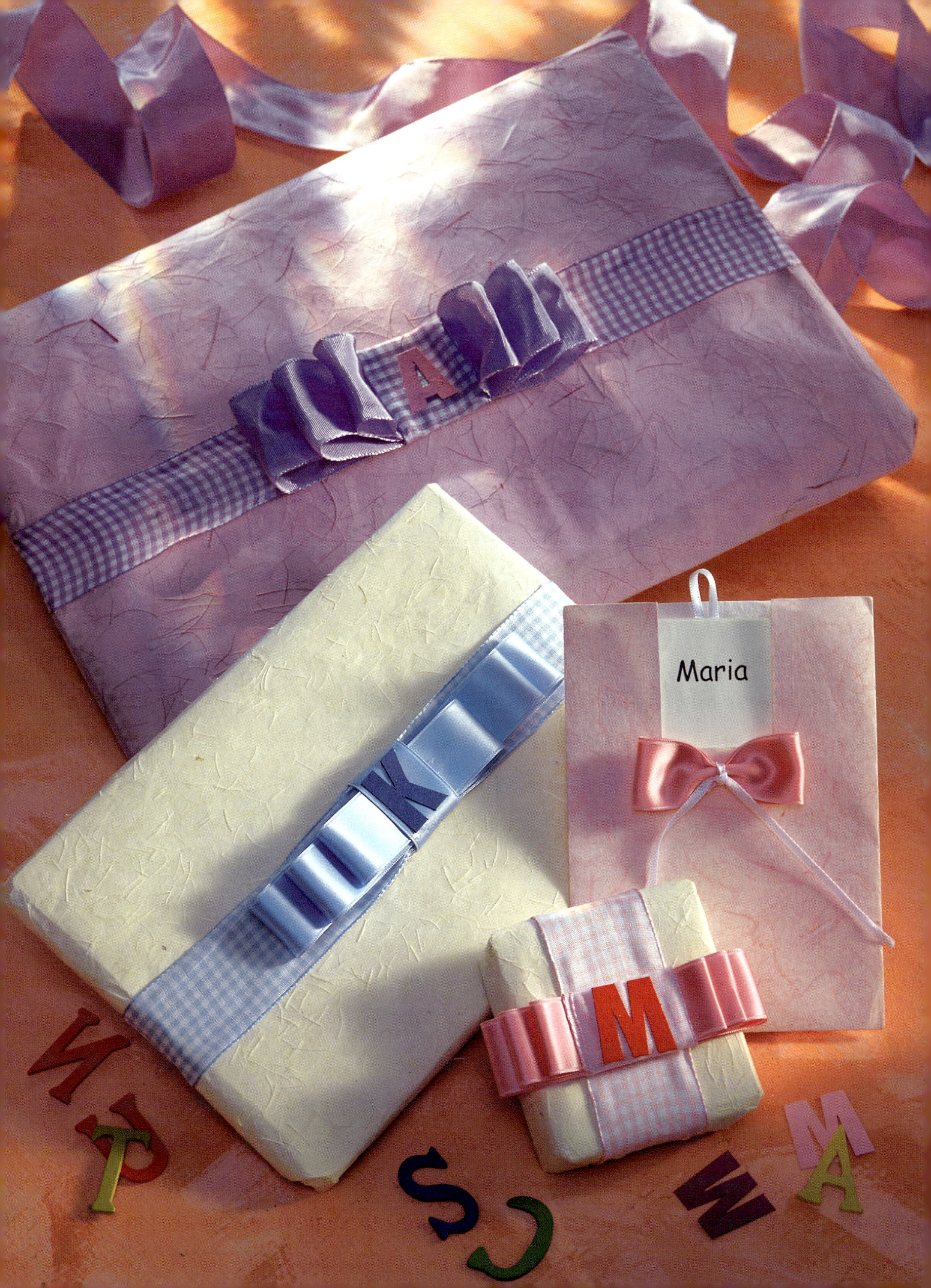
Maria

Bunte Farben

Material

Orangefarbenes Päckchen

- Packpapier in Orange
- Tonpapier in Violett
- Chenilledraht in Gelb, Pink, Hellgrün, Orange, Violett
- Holzanhänger „Bär"

Grünes Päckchen

- Packpapier in Grün
- Kräuselband in Hellgrün
- Pluster-Pen in Weiß, Gelb, Orange, Grün
- Zahnstocher

Blaues Päckchen

- Packpapier in Blau
- Kräuselband in Weiß, Hell-, Dunkelblau
- Pluster-Pen in Weiß, Blau

Vorlage 11

Seite 72

Anleitung Seite 46

Für
Sven

Material

- Strohseide in Gelb, Hellgrün, Blau
- Strohseidenband, gekreppt, in Orange, Rot, Blau
- Papierbänder in Natur, Orange
- Papierkordel in Rot
- Papier-Riesenzahlen in verschiedenen Farben (Firma Artoz) oder Tonkarton in verschiedenen Farben
- Holzstreuteile „Marienkäfer", „Herzen"
- Motivlocher „Teddy"

Vorlage 12

Seiten 72 - 74

Riesenzahlen

Rechteckige Geschenke jeweils in Strohseide einwickeln (siehe Zeichnung Vorlage 1, Seite 64/65) und mit gekrepptem Strohseidenband, Papierkordeln und Papierbändern der Abbildung entsprechend verschließen. Jeweils eine gekaufte Riesenzahl entsprechend dem Alter des Kindes auf der Verpackung befestigen. Die Zahlen können auch nach der Vorlage 12 aus Tonkarton ausgeschnitten werden. Die Geschenk-Verpackungen mit kleinen Holzstreuteilen oder ausgestanzten Papiermotiven verzieren.

Bunte Farben

Abbildung & Materialangaben Seite 44/45

Die farbigen Chenilledrähte um das **orangefarbene Päckchen** legen und jeweils eine Schleife binden. Das Lätzchen aus Tonpapier anfertigen (Vorlage 11), oben einschneiden und am Geschenk ineinander stecken. Den Holzbär fixieren.

Aus das **grüne Päckchen** mit dem Pluster-Pen Sternblumen aufmalen. Dazu einen Tupfer Farbe auftragen und mit einem Zahnstocher nach außen ziehen. Dann den grünen Punkt in die Mitte setzen. Nicht aufföhnen. Für die Quaste einen Streifen Papier, etwa 5 x 25 cm, fein einschneiden, fest einrollen und an das Band kleben (Anleitung Seite 10).

Beim **blauen Päckchen** ebenfalls mit dem Pluster-Pen Muster aufmalen. Nicht aufföhnen. Mit Kräuselband zubinden.

Liebe Teddys

Material

Teddy-Karte

- Wellpappe in Rot, Hellbraun
- Dekoband, gestreift

Gelbe Rolle

- Strohseide in Gelb
- Wellpappe in bunten Farben
- Satinbänder in Rot, Gelb, Grün

Teddy-Verpackung

- Wellpappe in Rot
- Satinbänder in Rot, Gelb, Grün

Zusätzlich

- Klebestift
- Lackstift in Schwarz
- Hefter

Vorlagen 13 - 15

Seiten 74 - 76

Für die **Teddy-Karte** nach der Vorlage 13 den Teddy und das Jäckchen aus Wellpappe zuschneiden. Das Gesicht und die Knöpfe mit einem Lackstift aufmalen und den Teddy mit einer Schleife dekorieren.

Für die **gelbe Rolle** einen Bogen gelber Strohseide doppelt legen. Das Geschenk in die Mitte des Papiers platzieren und einrollen. Beide Seitenteile wie eine Bonbonverpackung zusammenraffen und mit schmalen Satinbändern zubinden. Buchstaben (Vorlage 14) aus Wellpappe zuschneiden und auf die Rolle kleben. Das Papier an den Seitenteilen noch etwas aufplustern.

Für die **Teddy-Verpackung** aus roter Wellpappe einen Streifen, abhängig von der Größe des Stofftieres, so zuschneiden, dass der Teddy oben aus der Verpackung herausschaut. In den Streifen (Vorlage 15 für die Größe der Abbildung) vier Schlitze schneiden. Die Wellpappe zum Zylinder rollen und zusammenheften. Den Teddy in die Verpackung geben und vorne links beginnend die Satinbändchen so durch die Schlitze ziehen, dass sie wie mit Hosenträgern den Teddy in der Verpackung halten. Die Bändchen auf der Vorderseite sowie das Halsband zu einer Schleife binden.

Hochzeit

Rote Herzen

Material

Großes Herz

- Wellpappe in Rot
- Tonpapier in Weiß, Gelb
- Dekoband, transparent
- Efeublatt

Weiße Verpackung

- Naturpapier in Weiß
- Tonpapier in Weiß, Gelb
- Wellpappe in Rot
- Strohseidenband, gekreppt, in Rot
- Efeuzweig

Kleine Verpackung

- Naturpapier, geprägt, in Rot
- Naturpapier in Weiß
- Tonpapier in Weiß, Gelb, Rot
- Papierband in Rot

Zusätzlich

- Motivstanzer „Blüte"

Vorlagen 16 - 19

Seiten 74 - 77

Für das **große Herz** zwei Herzen nach der Vorlage 16 aus roter Wellpappe zuschneiden. Den seitlichen Rand auf der einen Herzhälfte falzen und umschlagen. Den umgeschlagenen Rand mit Klebstoff bestreichen und beide Herzteile passgenau zusammenkleben. Die Verpackung mit einer transparenten Schleife, einem Efeublatt und ausgestanzten Blüten verzieren.

Für die **weiße Verpackung** eine „schnelle Verpackung" aus weißem Naturpapier anfertigen (Anleitung Seite 9). Einen dünnen Efeuzweig als Verschluss durchziehen. Aus rotem Strohseidenband eine einfache Schleife binden und diese auf den Efeuzweig stecken. Zwei kleine Herzen aus roter Wellpappe ausschneiden (Vorlage 17), mit gestanzten Blüten dekorieren und etwas versetzt auf die Verpackung kleben.

Für die **kleine Verpackung** ein Etui nach der Vorlage 18 aus Naturpapier zuschneiden. Mit Bleistift die Falzlinien kennzeichnen und mit dem Falzbein oder einem spitzen Gegenstand die markierten Linien kräftig nachziehen. Den überstehenden Seitenstreifen mit Kleber bestreichen und beide Teile zusammenkleben. Nun die beiden gefalzten Bodenteile oben und unten nach innen knicken. Herz (Vorlage 19) und gestanzte Blüten ergänzen.

Rosentraum

Material

- Geschenkpapier mit Rosenblüten
- Organzaband mit Drahtkante in Weiß, 2,5 cm breit
- Organzaband mit Drahtkante in Weiß, Orange, 4 cm breit
- Satinband in Weiß, 3 mm breit
- Frische Rosenblätter
- Rosenstrauß
- Blumendraht

Rechteckige Geschenke in Rosenpapier einschlagen (siehe Zeichnung Vorlage 1, Seite 64/65). Das kleine Päckchen mit dem Oraganza-band einmal umwickeln. Das Band verknoten. Überstehendes Band abschneiden. Eine Pompon-Schleife aus weißem Organzaband herstellen (Anleitung unten). Mit einem schmalen Satinband die Pompon-Schleife an dem Band festbinden und mit einem Rosenblatt unterlegen.

Für das große Päckchen eine Rosette aus Organzaband formen (Anleitung Seite 18). Um das Päckchen Organzaband legen und eine einfache Schleife binden. Die Rosette auf die Schleife setzen, mit etwas Kantendraht befestigen und mit Rosenblättern verzieren.

Aus breitem Organzaband mehrere Flügelschleifen anfertigen (Anleitung Seite 11), diese mit festem Blumendraht umwickeln und in den fertig gebundenen Blumenstrauß stecken.

Pompon-Schleife

1. Das Schleifenband, etwa 1,20 m lang, mehrmals um die Hand wickeln, abstreifen und in der Mitte zusammenhalten. Mit der Schere in der Mitte zwei kleine Einkerbungen einschneiden.

2. Die eingekerbte Mitte mit einem schmalen Band fest zusammenbinden.

3. Die einzelnen Schlaufen so auseinander ziehen, dass ein Pompon entsteht.

Kränzchen & Ringe

Material

Schleife & Ringe

- Papier, bestickt, in Hellgrün
- Strohseide in Weiß
- Schleifenband, transparent:
  - 1 x goldbedruckt, 12 cm breit
  - 1 x in Grün, 4 cm breit
- Goldkordel
- Dekoringe in Gold

Blätter & Kränzchen

- Papier, bestickt, in Weiß
- Goldkordel
- 2 Skeletonblätter in Gold
- Johanniskrautranke

Zusätzlich

- Heißkleber
- Klebestift

Für die Verpackung mit Schleifen und Ringen ein Geschenk in besticktes Papier einwickeln (siehe Zeichnung Vorlage 1, Seite 64/65). Strohseide, 15 cm breit, um das Päckchen legen und auf der Rückseite festkleben. Darüber ein goldbedrucktes, transparentes Dekoband aufziehen und ebenfalls auf der Rückseite mit Klebestift fixieren. Doppelte Flügelschleife (Anleitung Seite 11) aus grünem Dekoband und Strohseidestreifen, 70 cm lang, binden und mit einer Goldkordel verzieren. Schleife und goldene Dekoringe mit Heißkleber auf der Verpackung befestigen.

Für die Verpackung mit Blättern & Kränzchen ein Geschenk in besticktes Papier einwickeln und mit einer Goldkordel verschnüren. Zwei goldene Bätter aufkleben. Aus der Johanniskrautranke zwei Kränzchen mit einem Durchmesser von 5 cm formen und mit Heißkleber an den verknoteten Kordelenden fixieren.

Weihnachten

Rot & Gold

Material

Dose

- Dose aus Pappmaché
- Serviette in Rot mit Muster (IHR)
- Acrylfarbe in Weiß, Rot
- Goldkordel
- 4 Goldsterne

Schachtel

- Schachtel, bezogen mit Naturpapier in Grün
- Serviette „Weihnachtsstern" (IHR)
- Papierkordel in Rot

Zusätzlich

- Pinsel
- Serviettenkleber
- Heißkleber

Eine **Dose** außen mit weißer Acrylfarbe anmalen und trocknen lassen. Die Serviette zurechtschneiden und nur den gemusterten Rand verwenden. Die oberste, bedruckte Schicht mit Serviettenkleber auf die Dose setzen, andrücken und trocknen lassen. Zum Imprägnieren ein weiteres Mal mit Serviettenkleber überstreichen. Den Deckel der Dose mit roter Acrylfarbe anmalen, trocknen lassen und mit Sternen und einer Goldkordel verzieren.

Eine grüne, fertig bezogene **Schachtel** in der Größe DIN A4 mit der Serviettentechnik gestalten: Die Serviette auf die passende Größe zuschneiden, den Deckel der Schachtel mit Serviettenkleber bestreichen und darauf die oberste Schicht der Serviette festkleben. Zum Imprägnieren nochmals überstreichen. Die Schachtel mit einer üppigen Schleife aus Papierkordel verzieren.

Tipp

Dosen und Schachteln gibt es als Rohlinge aus Pappmachee oder auch schon mit Papier fertig bezogen in vielen Formen und Farben. Ersatzweise Spandosen verwenden.

Schlichte Eleganz

Material

Fächer

- Geschenkpapier in Gold
- Wellpappe in Schwarz
- Effektdraht in Gold

Noten

- Geschenkpapier mit Musiknoten
- Tonkarton in Schwarz
- Kordel in Gold
- Goldfransen
- Goldstift
- Doppelseitiges Klebeband

Für die Verpackung mit dem Fächer ein quadratisches Geschenk in goldenes Papier einpacken und einen Streifen schwarze Wellpappe darum kleben. Vom Geschenkpapier einen Streifen von 6 x 20 cm zuschneiden und zu einem Fächer falten. Den Wellpappestreifen mehrmals mit dem Draht umwickeln und dabei den Fächer fixieren. Den Fächer in der Mitte zusammenkleben.

Für die Verpackung mit Noten ein Geschenk in Geschenkpapier einpacken. Die Goldkordel und die Goldfransen darum wickeln und mit Klebstreifen auf der Rückseite festkleben. Ein Schildchen anfertigen, beschriften und anhängen.

Tipp

Statt des Fächers auf der oberen Verpackung sieht auch eine gelegte Faltenschleife (Anleitung Seite 42) aus goldenem Satinband sehr festlich und elegant aus.

für Marco

Moderne Farben

Material

Geschenk in Bordeauxrot

- Naturpapier in Bordeauxrot
- Strohseide in Orange
- Schleifenband mit Muster
- Papierkordel in Bordeauxrot, Gold
- Flowerhair in Gold
- Zimtstangen
- Dekoapfel
- Goldstern
- Blätter, getrocknet

Geschenk in Orange

- Naturpapier in Orange
- Strohseidenband, gekreppt, in Orange, Bordeauxrot
- Papierkordel in Bordeauxrot, Gold
- Papierband in Bordeauxrot
- Bambusstäbchen
- Stern in Bordeauxrot
- Blatt, getrocknet

Zusätzlich

- Goldspray
- Klebestift

Für die **Verpackung in Bordeauxrot** ein Geschenk in Naturpapier einwickeln (siehe Zeichnung Vorlage 1, Seite 64/65). Einen 10 cm breiten Streifen aus orangefarbener Strohseide um das Paket legen, auf der Rückseite festkleben und mit einem farblich dazu passenden Geschenkband umbinden, das auf der Vorderseite verknotet wird. Zwei getrocknete Blätter mit Goldspray vergolden und nach dem Trocknen auf die Verpackung kleben. Zimtstangen mit der roten und goldenen Papierkordel bündeln und an dem Geschenkband befestigen. Flowerhair, Goldstern und Dekoapfel ergänzen.

Für die **Verpackung in Orange** aus Naturpapier eine Schnellverpackung anfertigen (Anleitung Seite 9). Zwei Papierblumen aus Strohseidenband in Bordeauxrot und Orange herstellen (Anleitung Seite 10) und mit etwas Flowerhair dekorieren. Die Blüten an dem Verschlussstäbchen mit Papierband festbinden und die Enden der Papierkordeln zu Blättern aufdrehen. Blatt mit Goldspray einfärben und nach dem Trocknen zusammen mit dem Sternchen auf der Verpackung fixieren.

Festlich verpackt

Material

Großes Paket

- Strohseide in Rot, Grün
- Strohseidenband, gekreppt, in Rot, Grün
- Papierbänder oder Bastschnüre in Rot
- Flowerhair in Gold
- Papierkordel in Gold
- Dekoapfel
- Goldstern

Flaschenverpackung

- Packpapier
- Geschenkpapier mit Noten
- Hanfkordel

Notenpäckchen

- Geschenkpapier mit Noten
- Hanfkordel

Kleines Paket

- Weihnachtsstoff
- Zimtstangen
- Strohseideband, gekreppt, in Rot, Grün
- Papierkordel in Gold

Zusätzlich

- Siegellack
- Siegelstempel
- Doppelseitiges Klebeband

Für das **große Paket** ein Geschenk in rote Strohseide einpacken (siehe Zeichnung Vorlage 1, Seite 64/65). Einen 10 cm breiten Streifen aus grüner Strohseide um das Paket wickeln und mit roten Bastschnüren oder Papierbändern befestigen. Eine Doppelschleife aus rotem und grünem Strohseidenband herstellen (Anleitung Seite 11) und mit goldener Papierkordel an den Papierbändern im Mittelstreifen festbinden. Flowerhair, Goldstern und Dekoapfel ergänzen.

Für die **Flaschenverpackung** die Flasche in Packpapier einwickeln (siehe Zeichnung Vorlage 6, Seite 68). Notenpapier, 5 cm breit, der Länge nach um die Verpackung legen und an einigen Stellen festkleben. Mit Hanfkordel die Verpackung verschnüren. An den Knotenpunkten Siegellack aufträufeln und den Siegelstempel aufdrücken.

Für das **Notenpäckchen** ein Geschenk in Notenpapier einpacken. Die Verpackung mit einer Hanfkordel verschnüren und mit Lack und Siegel verschließen.

Für das **kleine Paket** ein Geschenk in Weihnachtsstoff einwickeln, die eingeschlagenen Seitenteile mit doppelseitigem Klebeband befestigen. Die Zimtstangen mit einer Papierkordel bündeln und auf das Päckchen binden. Den Weihnachtsstern aus rotem Strohseidenband herstellen (Anleitung Seite 10) und zusammen mit einer Schleife aus grüner Strohseide auf der Verpackung fixieren. Flowerhair ergänzen.

sicut
ucrit me patres
amen

Vorlagen

Einschneiden

Bruchkante

Falzlinie

Klebefläche

1

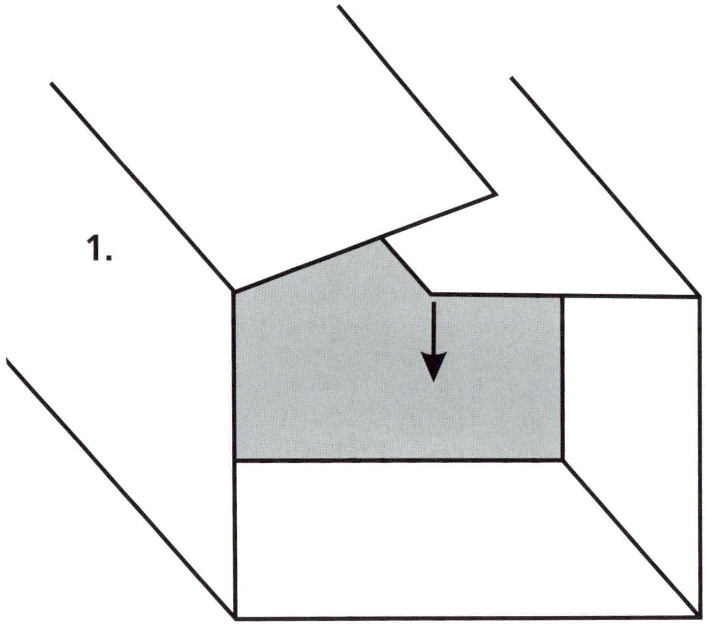

3

2

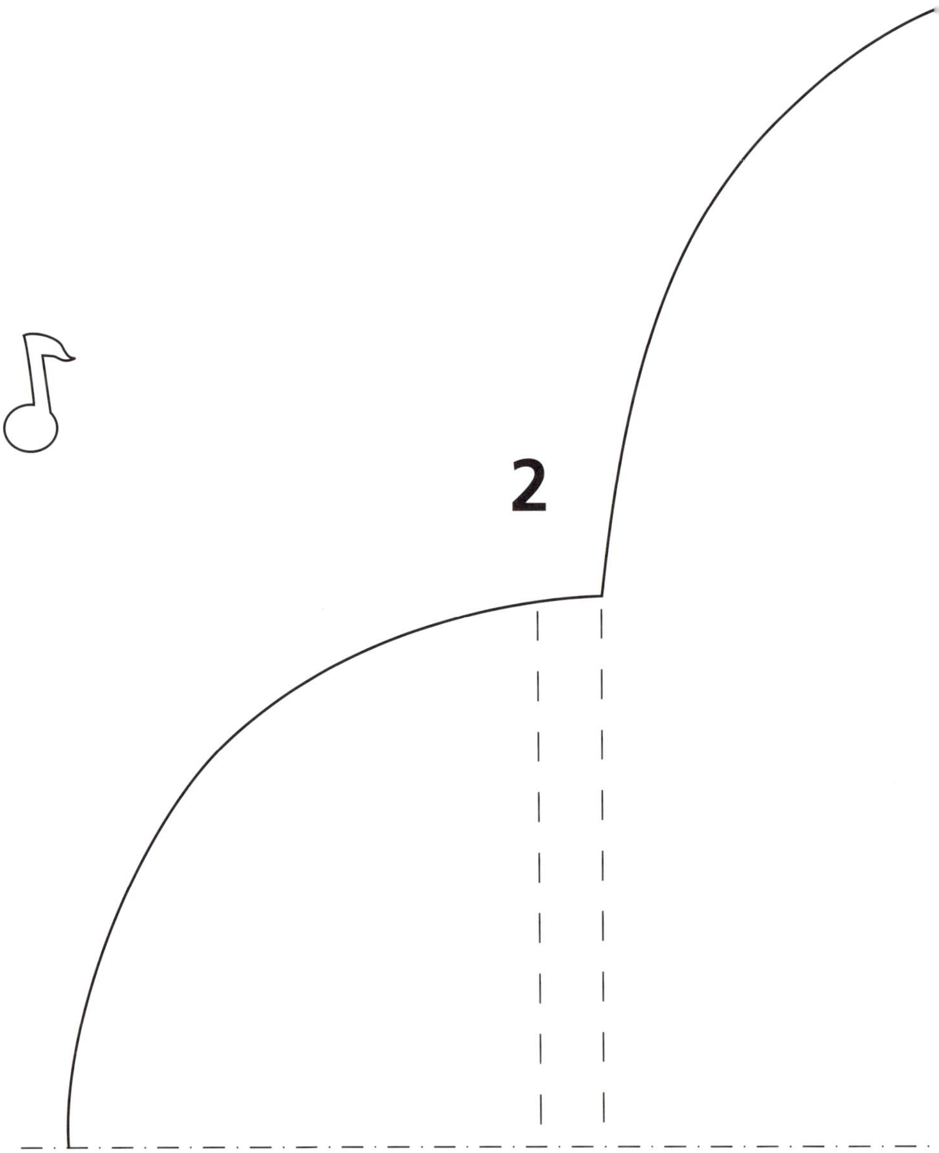

2.

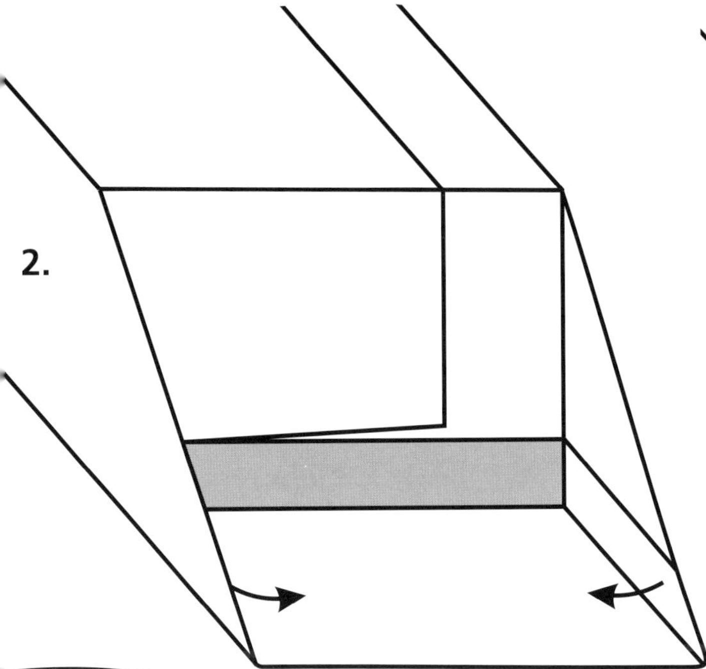

3.

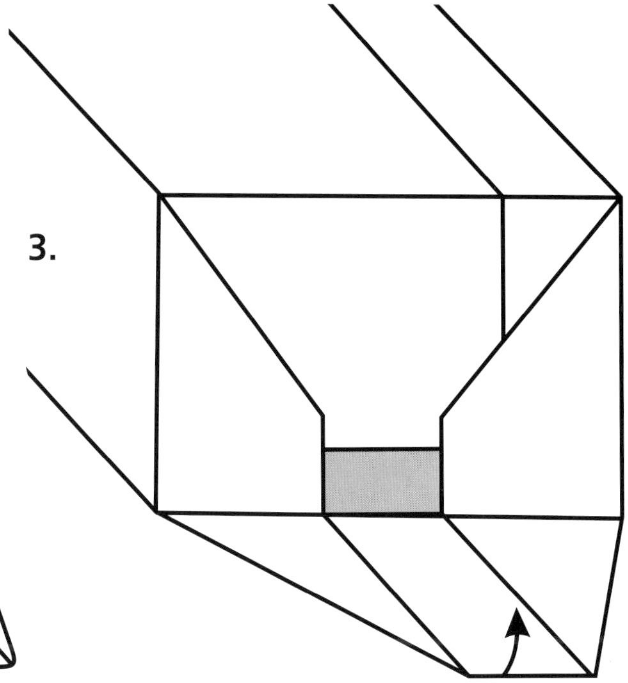

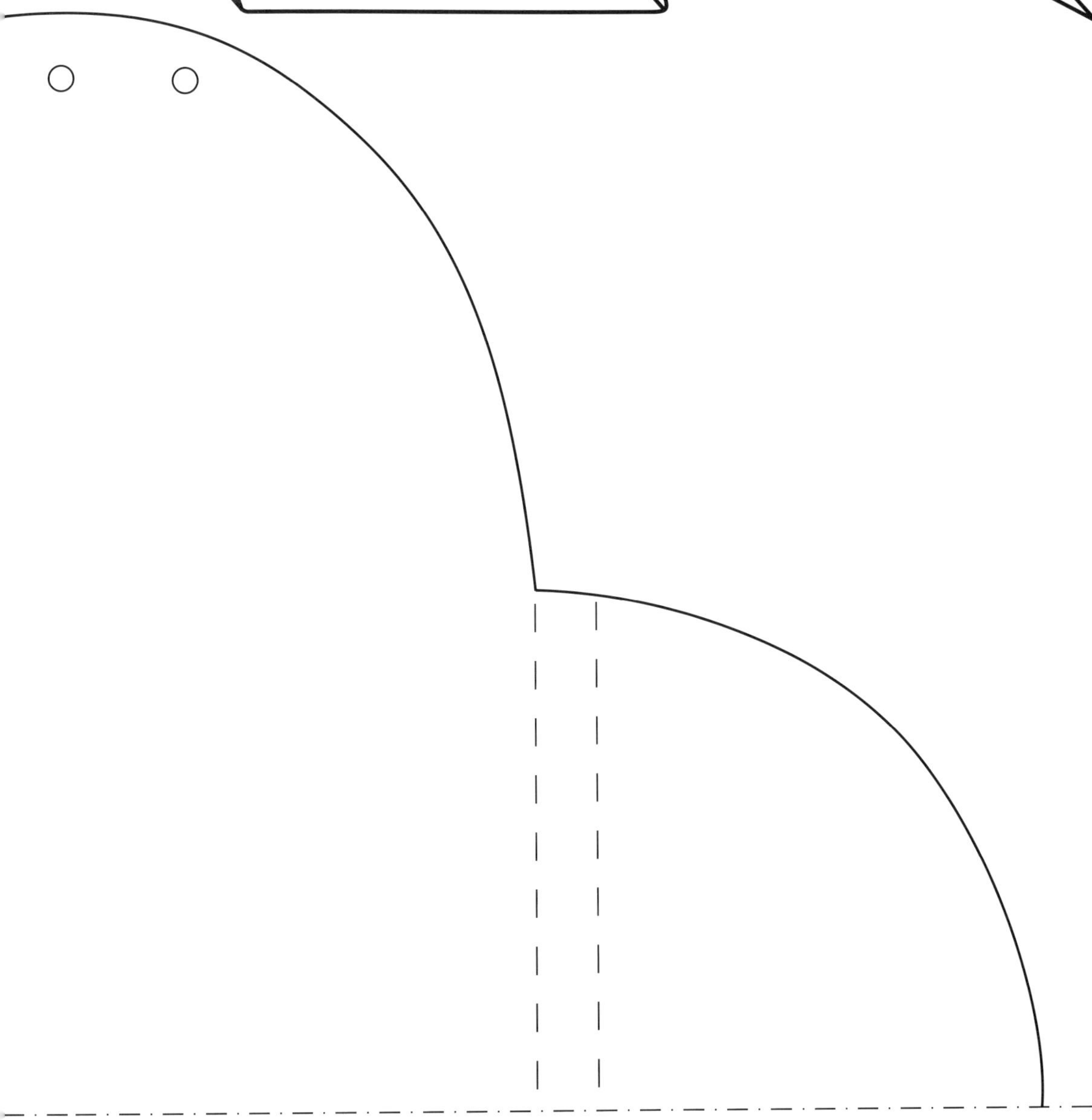

5

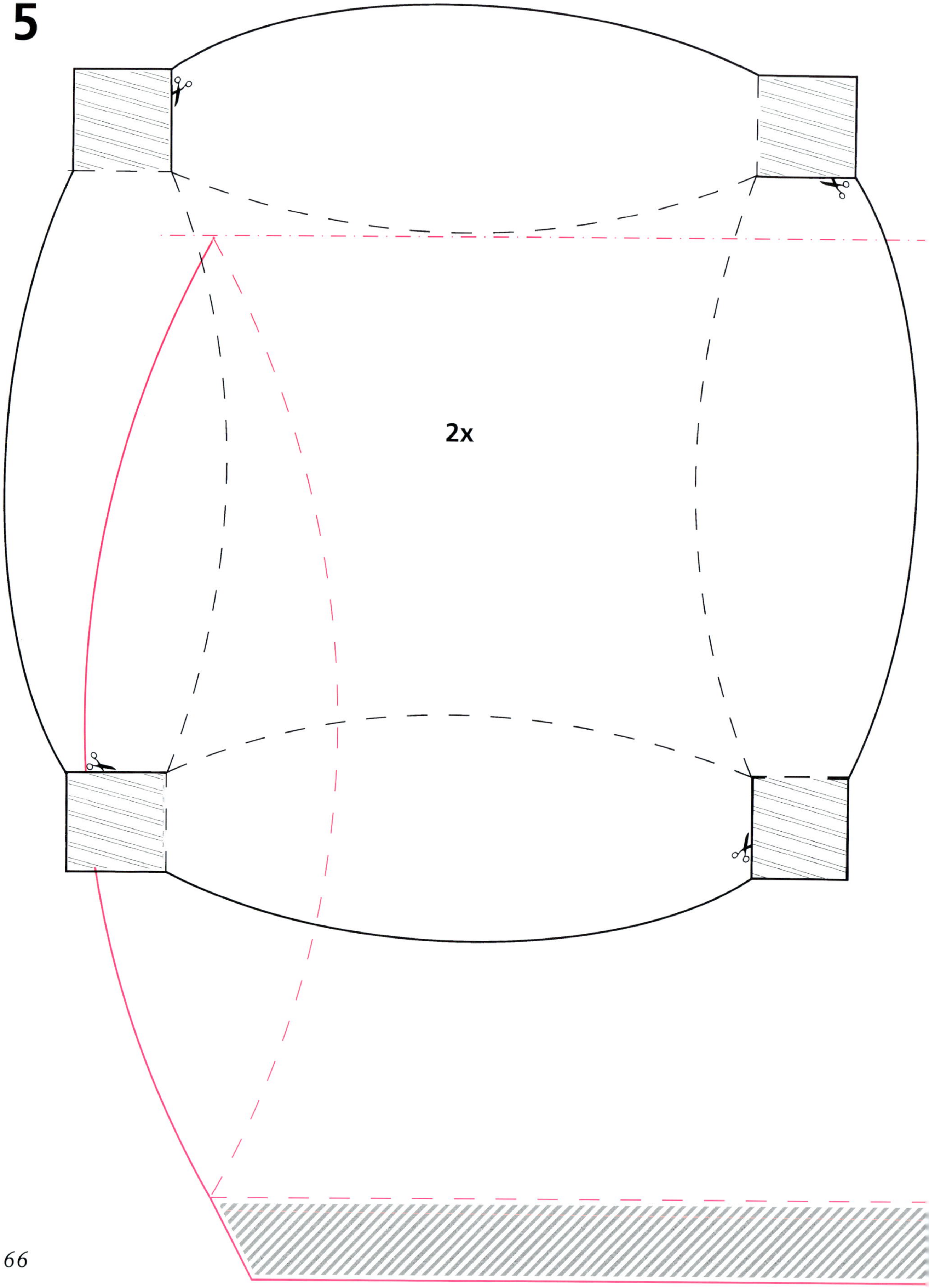

4

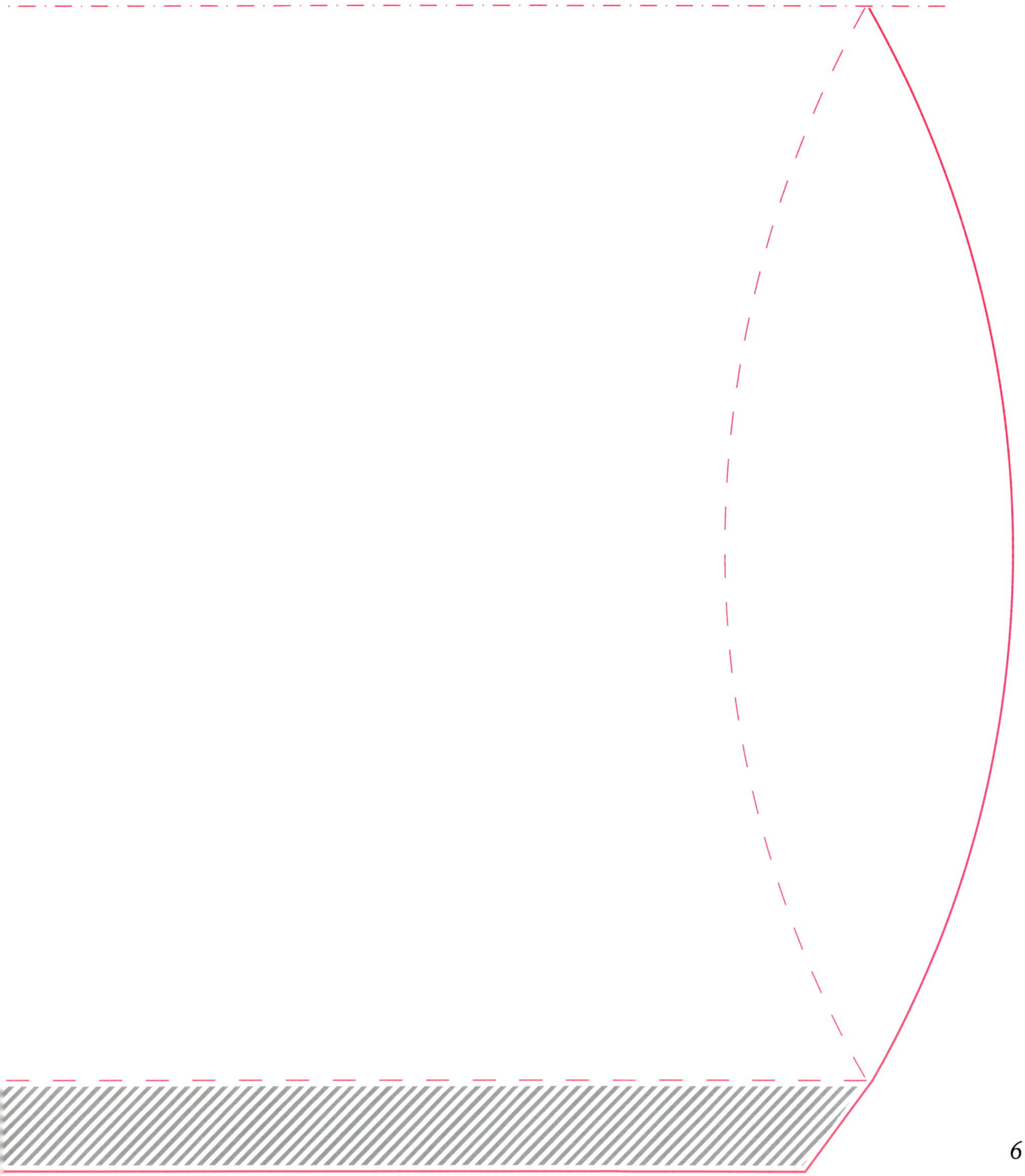

6

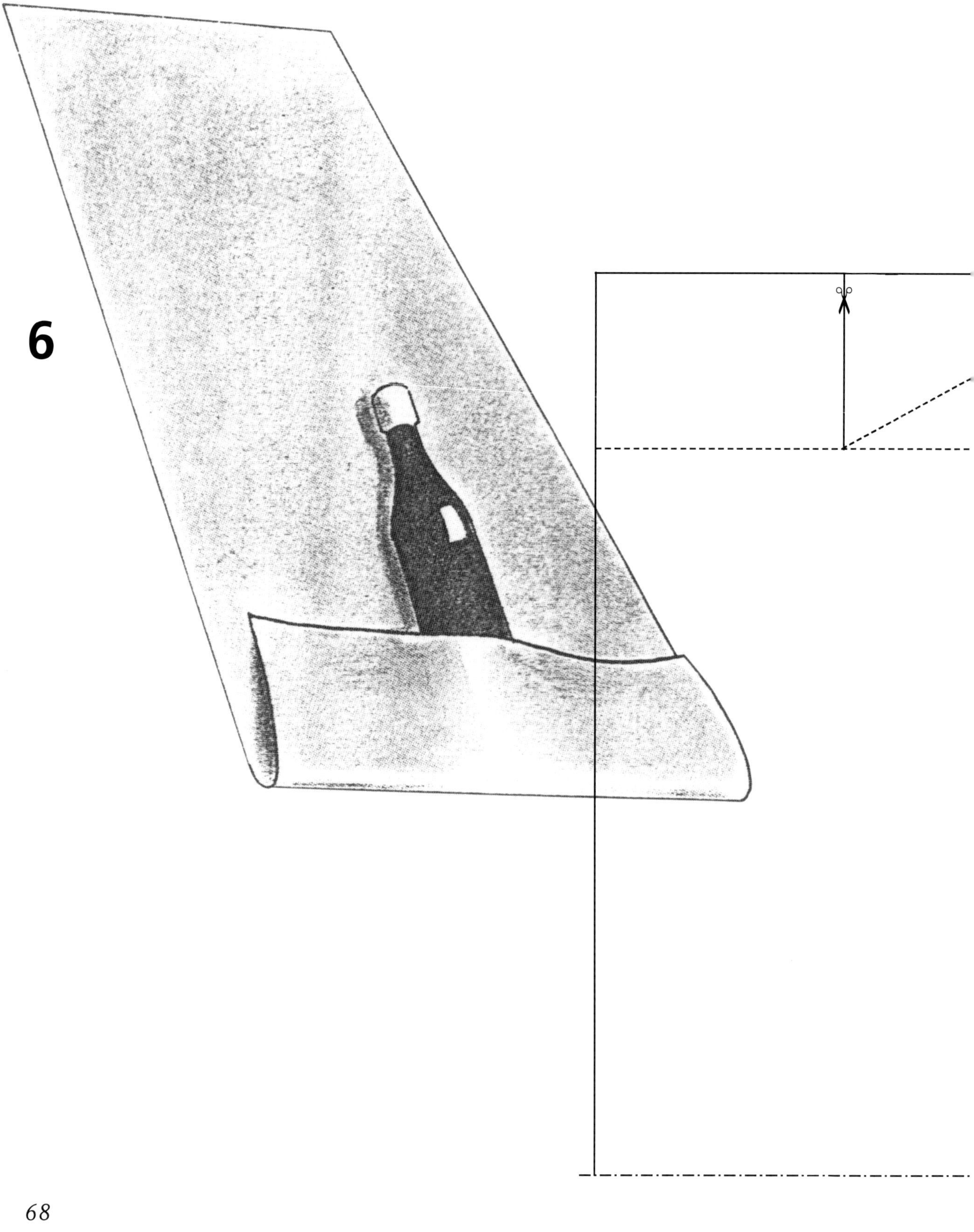

7

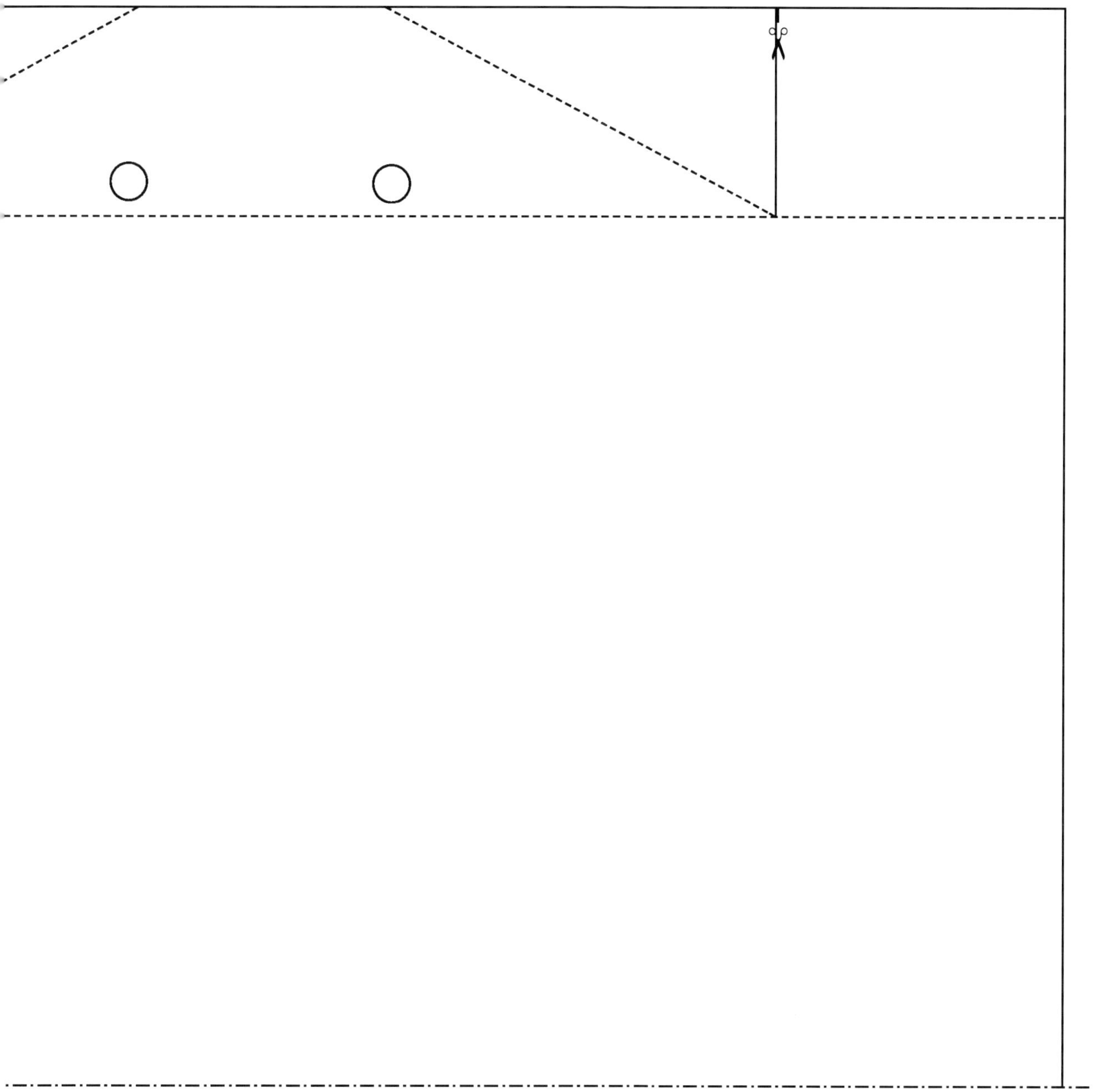

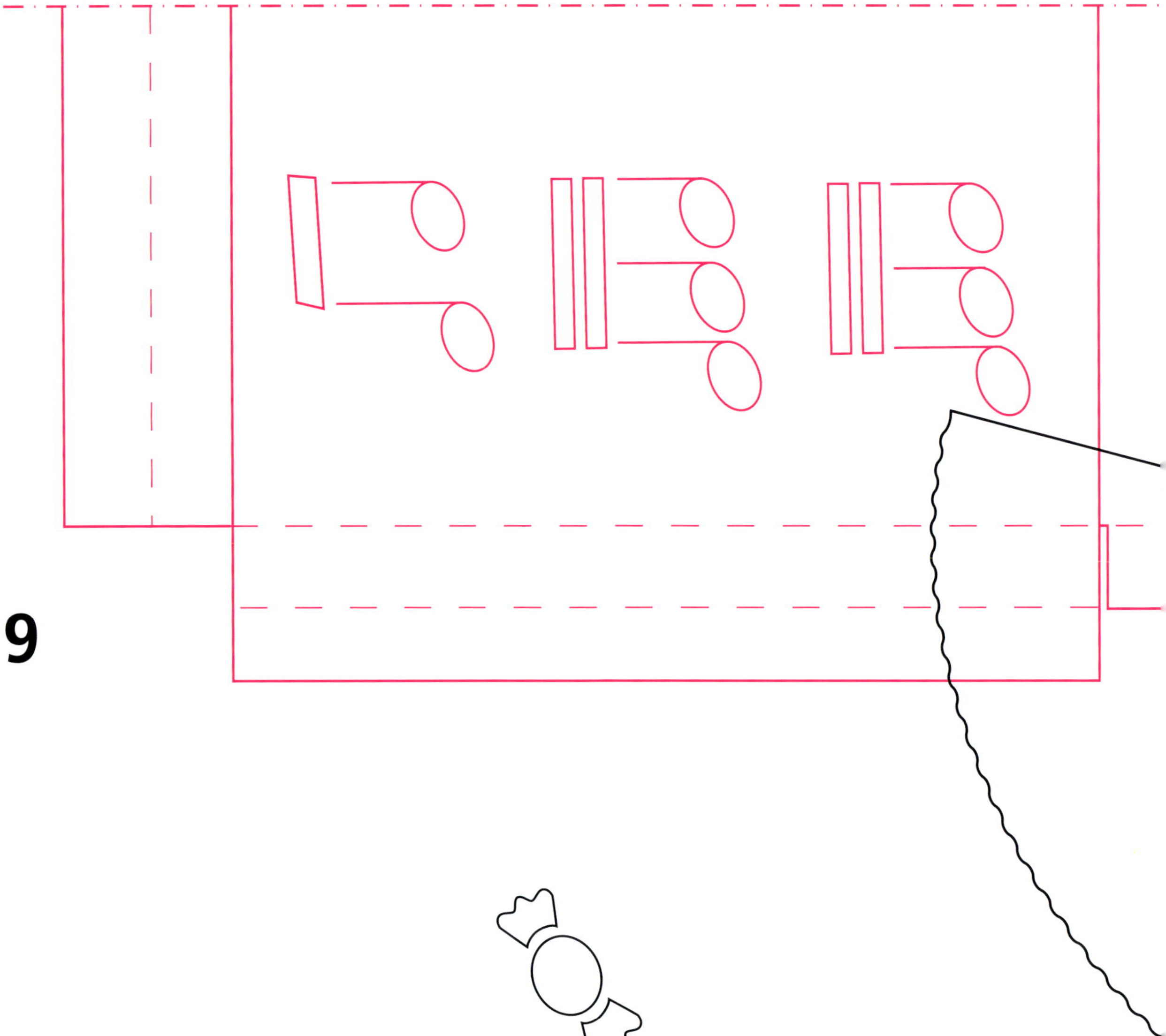

9

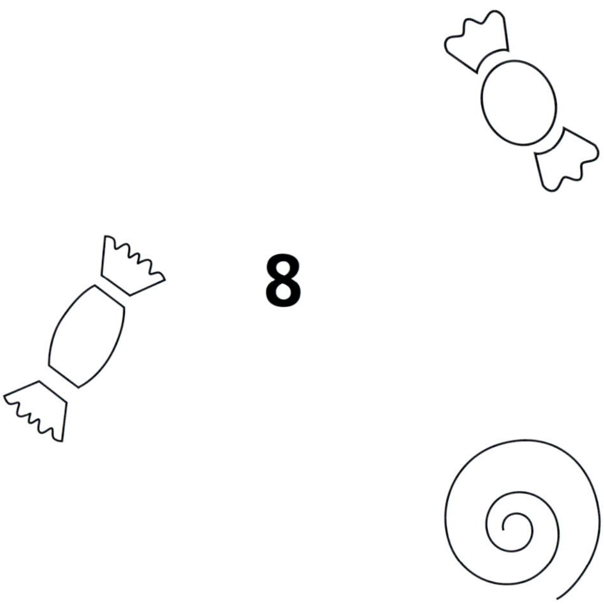

8

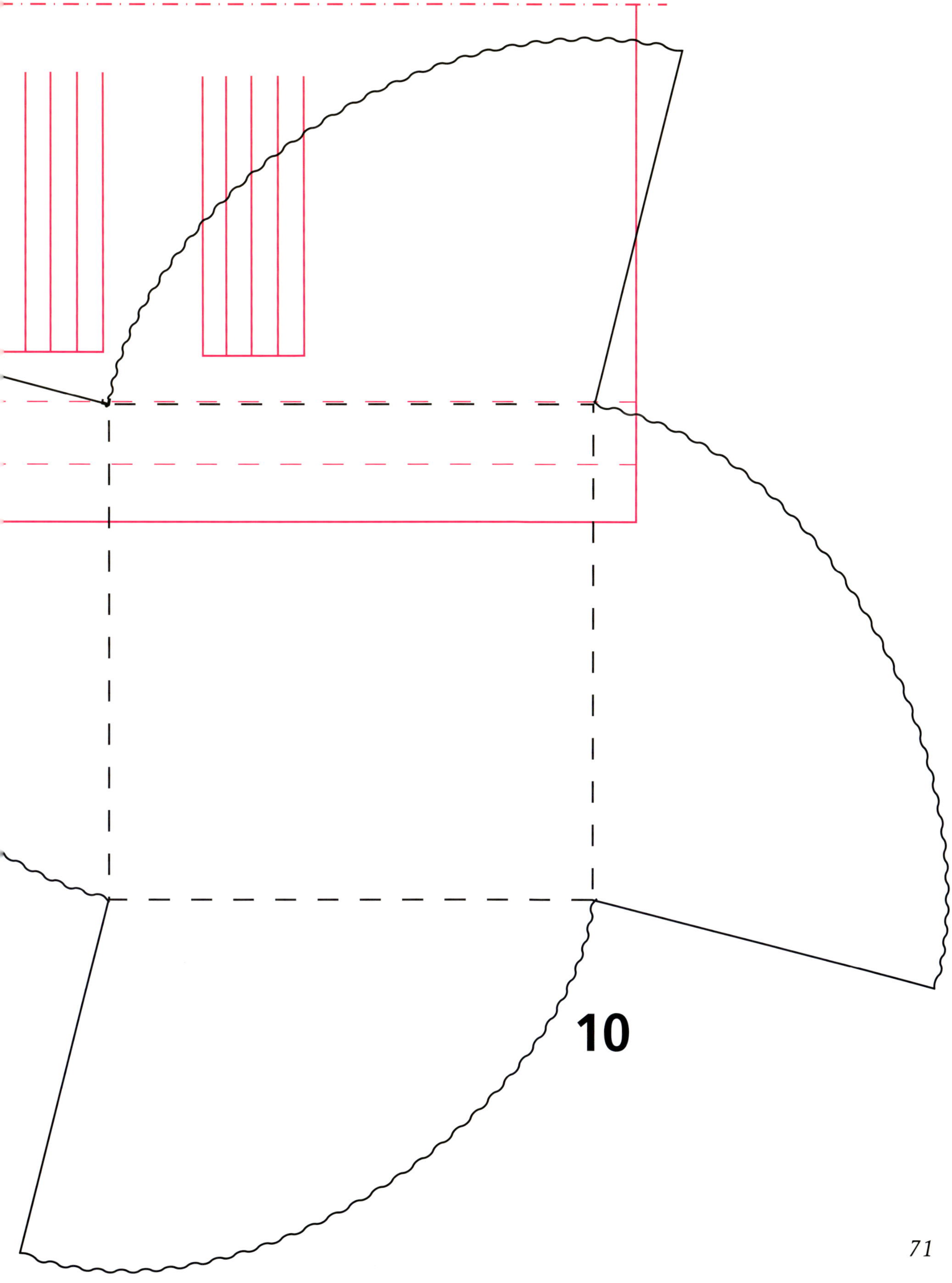
10

11

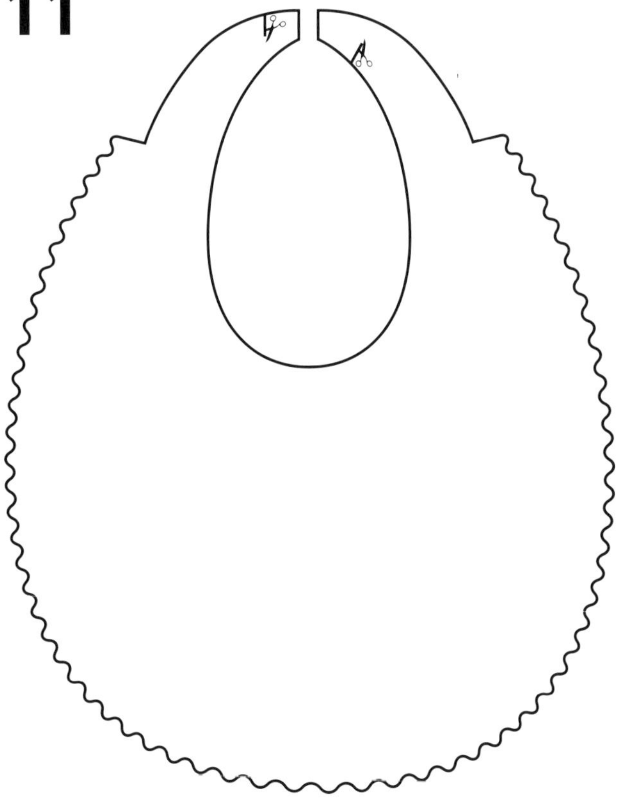

12

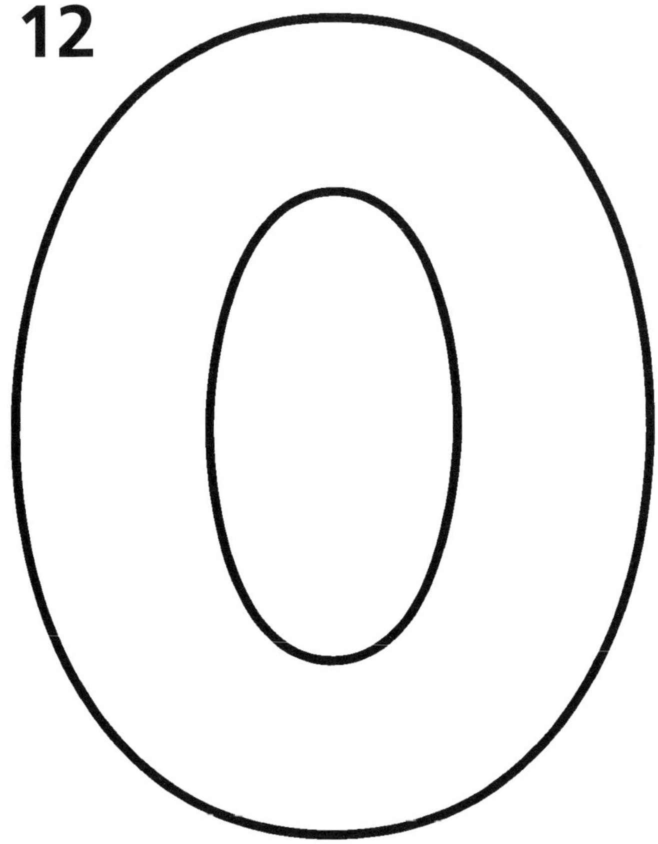

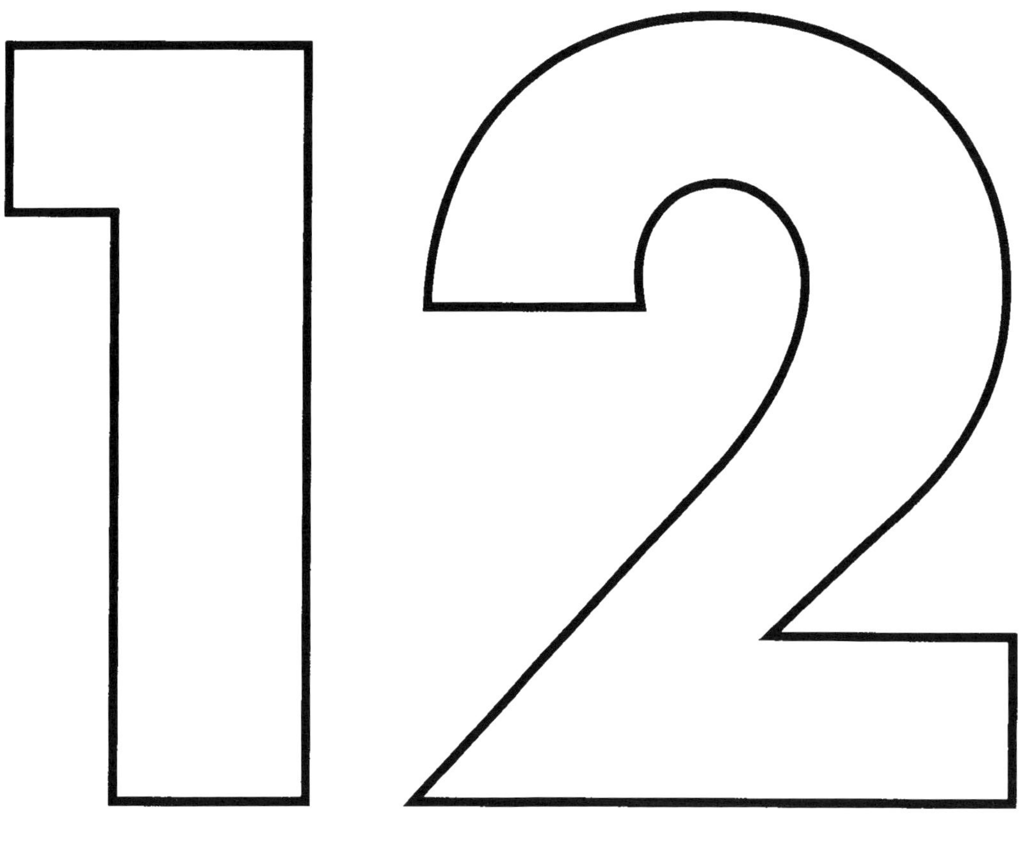

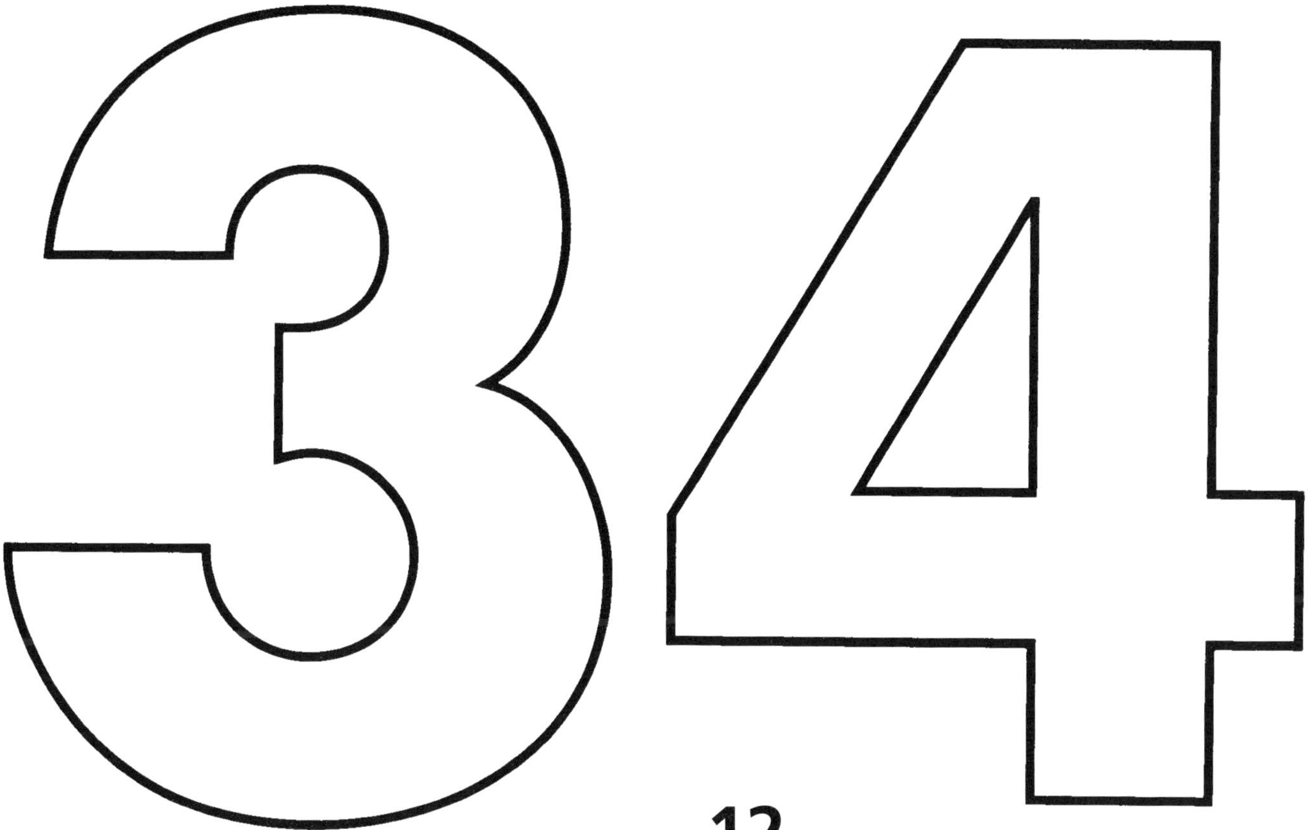

12

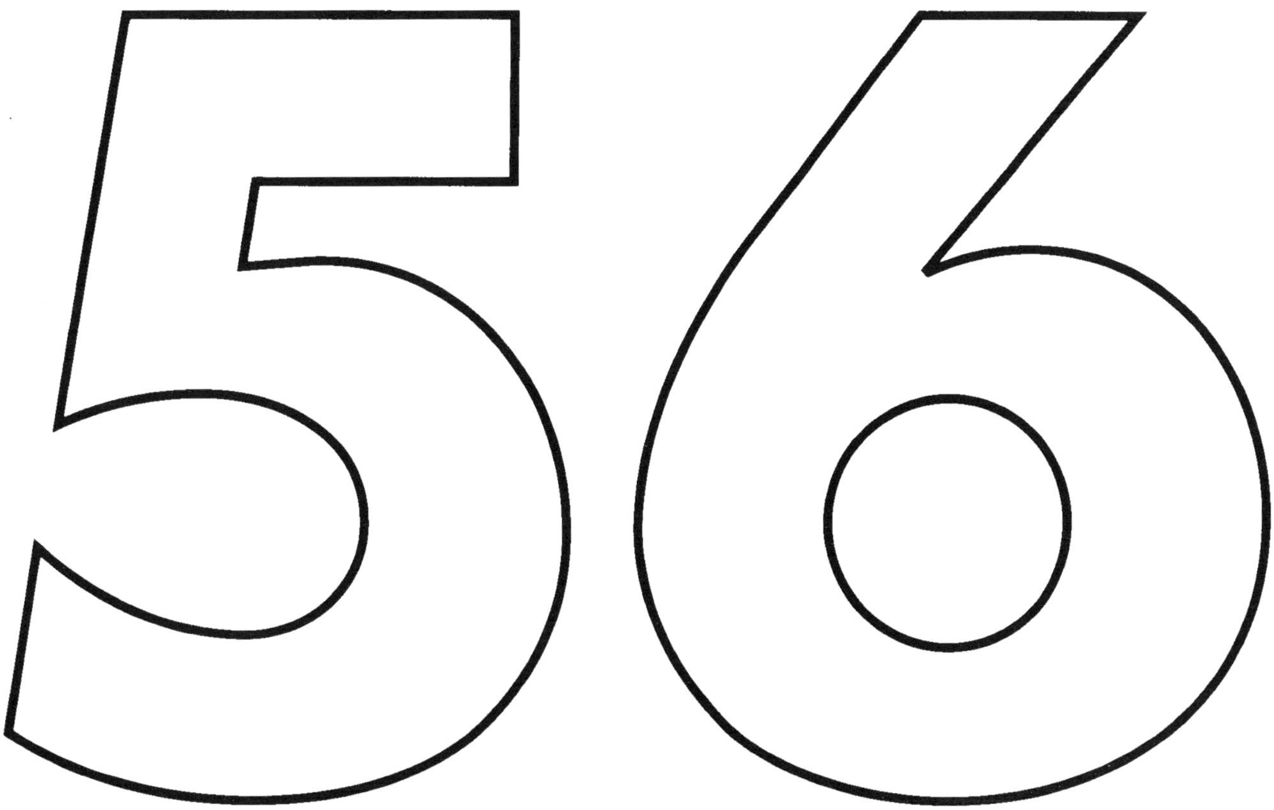

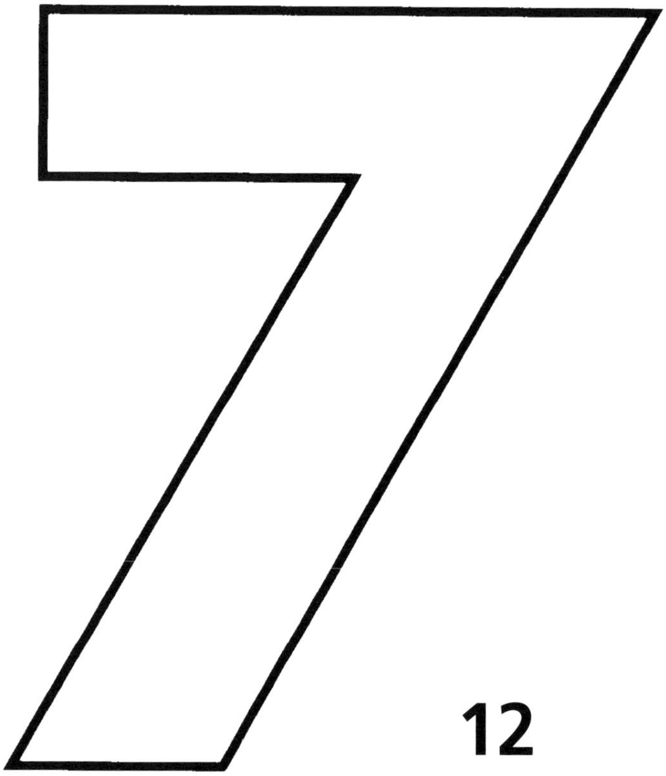

12

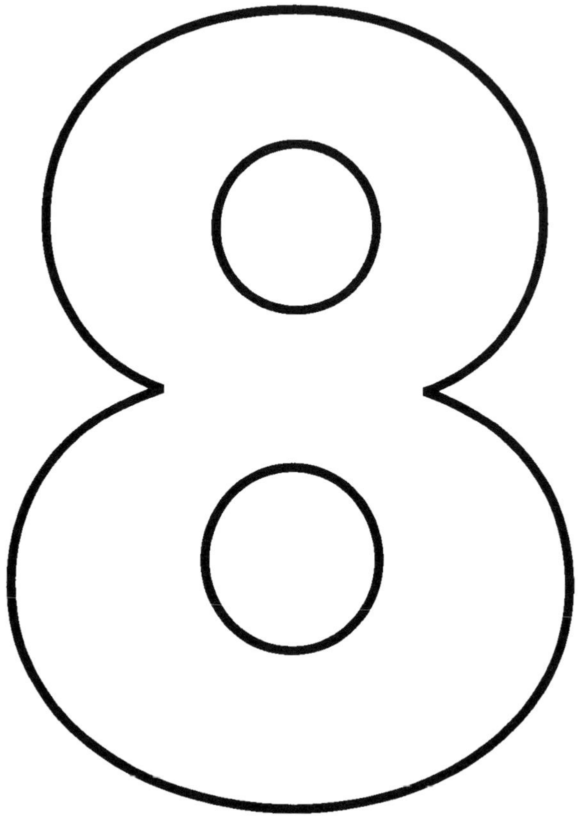

14

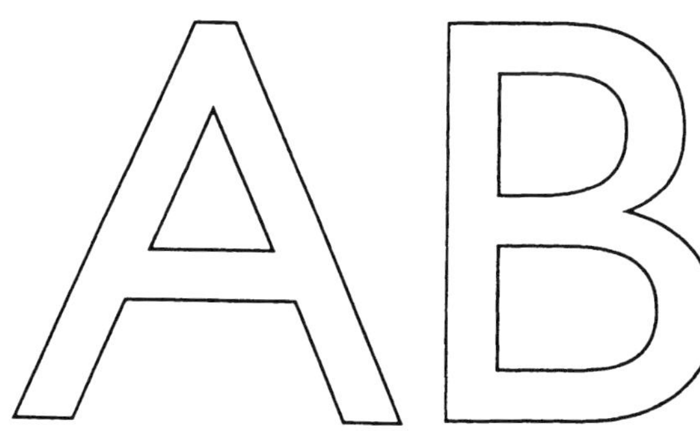

17

13

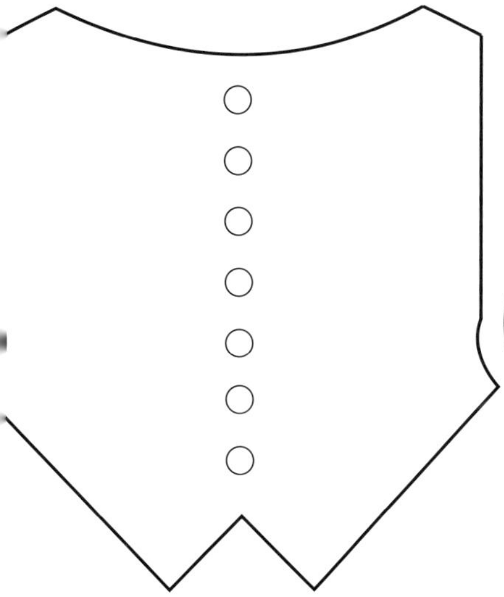

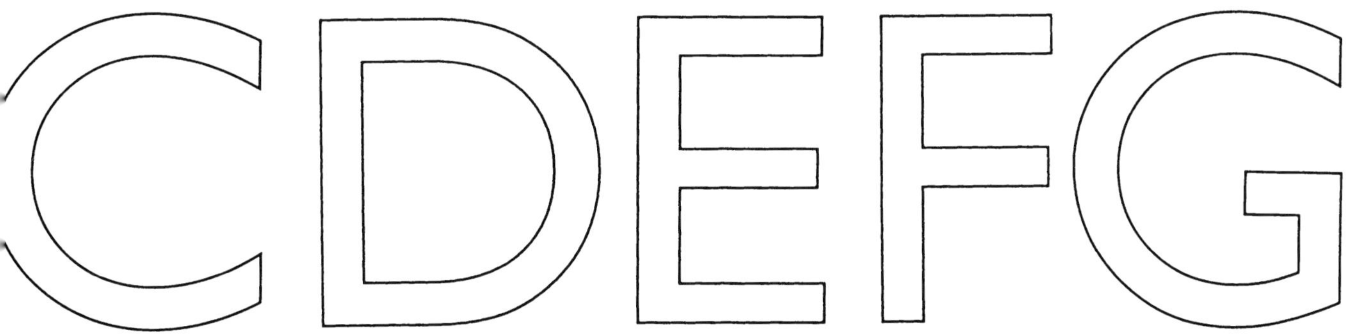

19

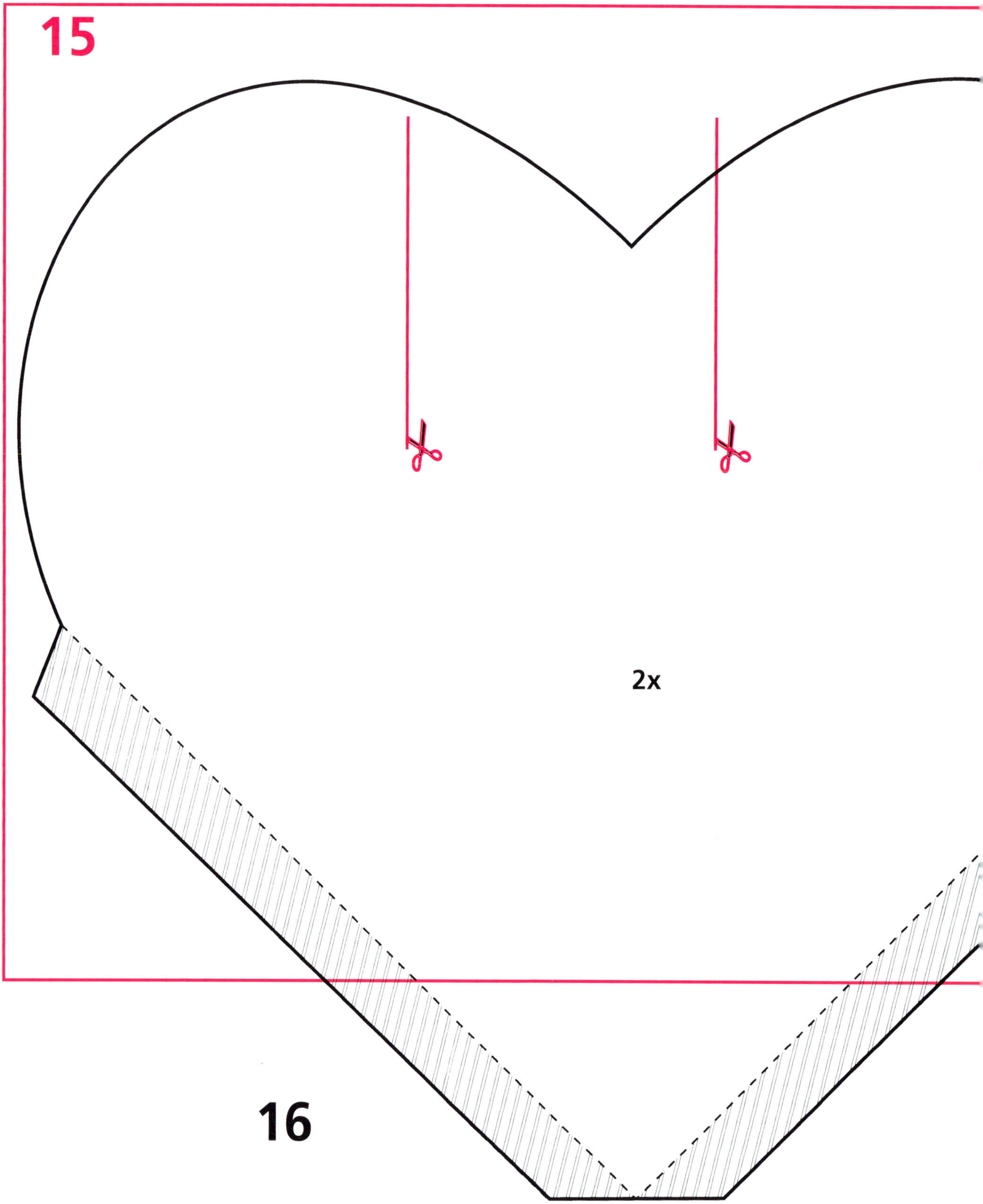
15
2x
16

18

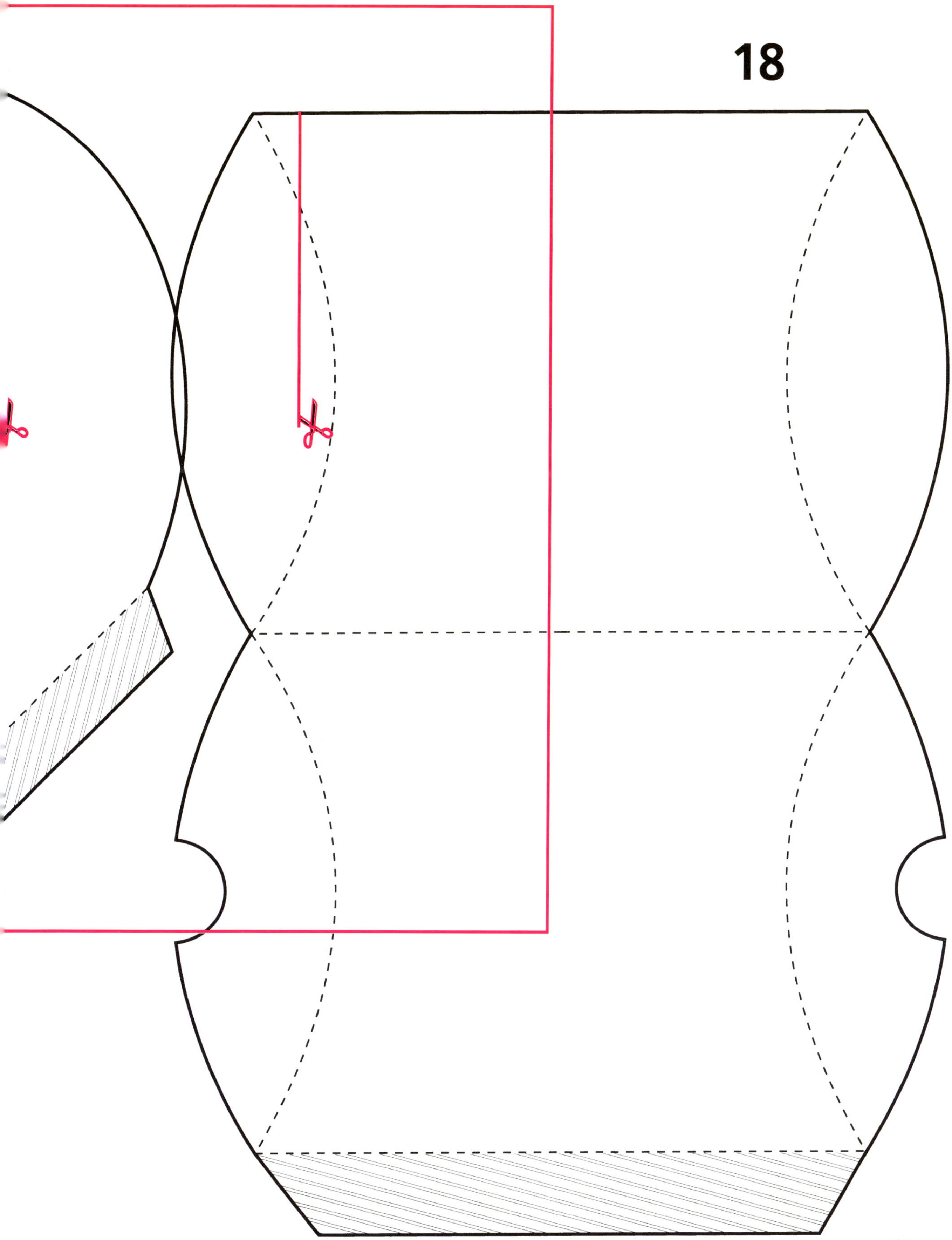

Impressum

Autoren

Susanne Fankhauser/Ursula Müller-Wüstemann, Seiten 20-21, 26-27, 30-31, 34-37, 40-41, 44-45, 58-59
Traudel Hartel, Seiten 12-19, 24-25, 28-29, 32-33, 38-39, 42-43, 46-57, 60-63
Susanne Knapp, Seiten 22-23

Abbildungen

eska, Seiten 22-23
Andreas Gerhardt, Seiten 26-27
Roland Krieg, Titelfoto, Seiten 12-21, 24-25, 28-63

Freiburg im Breisgau
www.christophorus-verlag.de

Printed in Belgium
ISBN 3-419-53621-6

Redaktion: Gisa Windhüfel, Freiburg
Umschlag- und Layoutentwurf: Network!, München
Gesamtproduktion: smp, Freiburg
Satz: Gisa Bonfig, Freiburg
Vorlagenteil: Klaus Werner, Taunusstein
Druck: Proost, Turnhout 2003